D1355267

LA PRINCESSE
DE MONTPENSIER

DANS LA COLLECTION
« CLASSIQUES À PETIT PRIX »

MADAME DE LA FAYETTE

LA PRINCESSE
DE MONTPENSIER

Préface de Jacques Perrin

Le papier de cet ouvrage est composé de fibres naturelles, renouvelables, recyclables et fabriquées à partir de bois provenant de forêts plantées et cultivées durablement pour la fabrication du papier.

Le Code de la propriété intellectuelle n'autorisant, aux termes de l'article L. 122-5, 2° et 3° a, d'une part, que les « copies ou reproductions strictement réservées à l'usage privé du copiste et non destinées à une utilisation collective » et, d'autre part, que les analyses et les courtes citations dans un but d'exemple, et d'illustration, « toute représentation ou reproduction intégrale ou partielle faite sans le consentement de l'auteur ou de ses ayants droit ou ayants cause est illicite » (art. L. 122-4).
Cette représentation ou reproduction, par quelque procédé que ce soit, constituerait donc une contrefaçon, sanctionnée par les articles L. 335-2 et suivants du Code de la propriété intellectuelle.

© 2010, Pocket, un département d'Univers Poche,
pour la présente édition.
ISBN 978-2-266-20185-8

Préface

Histoire de la princesse de Montpensier (Madame de La Fayette)

Après la polémique, le film. Décidément, Madame de La Fayette ne laisse pas indifférent aujourd'hui. Un curieux contretemps ? Un contre-emploi qui serait pure coïncidence ? Pas si sûr. Car si Bertrand Tavernier a décidé d'adapter l'*Histoire de la Princesse de Montpensier* et de porter la nouvelle à l'écran, c'est bien qu'elle répond encore à des préoccupations profondes de notre époque malgré son éloignement dans le temps. Le film, sorti le 3 novembre 2010, qui avait été sélectionné pour la soixante-troisième édition du Festival de Cannes, a été salué par la presse. S'emparant avec gourmandise de cette page d'histoire et s'inscrivant dans sa propre tradition, le réalisateur, dans le droit fil de *Capitaine Conan* ou *La Passion Béatrice*, a précisément choisi pour cette relecture du roman de jeunes acteurs. La jeune Mélanie Thierry incarne avec beaucoup de dignité et de sensibilité l'héroïne au destin tragique, la Princesse de Montpensier. Grégoire Leprince-Ringuet et Gaspard Ulliel campent avec bonheur les personnages du prince de Montpensier et d'Henri de Guise.

Quelle est donc l'actualité de cette petite nouvelle – la première de l'auteur – publiée en 1662 et qu'à l'époque Madame de La Fayette n'avait même pas signée, par discrétion et respect des convenances ? La romancière situe son récit au cœur de la plus horrible guerre civile qui a embrasé la France. Sous le règne de Charles IX, à la veille du massacre de la Saint-Barthélemy, cette nuit sanglante du 23 au 24 août 1572, catholiques et protestants règlent leurs comptes dans des batailles, des sièges et des traités… aussi vite signés que dénoncés. On ne compte plus les assassinats et les trahisons, y compris dans les plus hautes sphères du pouvoir. Bref, le pays traverse une crise majeure : religieuse, politique, économique, morale. Et les idéaux hautement affichés servent le plus souvent de paravents à des ambitions personnelles aussi basses que débridées. Pourtant, Madame de La Fayette ne cède pas à l'historicisme facile. Tout juste montre-t-elle, fort habilement, les résonances de ces guerres, rivalités et meurtres dans la passion amoureuse, saisie elle aussi par une violence qui gangrène la vie de l'époque dans tous les domaines. Ainsi Chabannes, cédant au vertige du coup de foudre, se met à aimer la princesse de Montpensier « de la plus *violente* et sincère passion qui fût jamais ». De Guise, lui aussi, envoûté par la jeune femme, en devient « *violemment* amoureux ». Même fureur chez le prince qu'une éducation soignée et rigoureuse aurait dû pourtant conduire à rester maître de lui en toutes circonstances. Au contraire, face à son épouse, « il s'emport[e] avec des *violences* épouvantables ». Même emportement chez Anjou « accablé comme un coup de tonnerre » en apprenant qu'il a « un rival aimé » : « La jalousie, le dépit et la rage se joignant à la haine qu'il avait déjà pour lui firent dans son âme tout ce qu'on peut imaginer de plus *violent*, et il eût donné sur l'heure quelque marque sanglante de son désespoir si la dissimulation qui lui était naturelle ne fût venue à son secours […]. » On le voit, le vernis d'une éducation noble parvient à peine à masquer les instincts les plus brutaux chez ces grands personnages.

Haine, violence... Les mêmes mots reviennent donc comme un fil rouge dans le récit pour dire la sauvagerie d'une époque en perte de repères, où les grands fauves, pourtant rompus à l'art de la politique, ont bien du mal à se faire renards et laissent finalement éclater leur « ingratitude », comme l'écrit pudiquement Madame de La Fayette. On dirait aujourd'hui goujaterie, ou pire encore : inhumanité. Qu'on en juge. À la fin de l'œuvre – quelques lignes suffisent à l'auteur et c'est très symbolique ! –, on voit le prince, devant le cadavre de Chabannes, passer de l'« étonnement » à la « douleur » de perdre un ami, et enfin à la « joie (...) de se voir vengé par la fortune » ! Quant à de Guise, « joyeux » d'avoir vengé la mort de son père, il oublie facilement la princesse pourtant en proie à « la violence » d'un mal qui va rapidement l'emporter, et s'attache « entièrement »... à la marquise de Noirmoutiers, saisi par une « passion démesurée qui lui dur[e] jusqu'à la mort » ! Dans cet univers impitoyable marqué par la fatalité de la violence et la violence de la fatalité, la passion amoureuse fait des ravages, comme dans les pièces de Racine.

La morale cartésienne est battue en brèche et l'être se trouve impuissant face à un amour irréfléchi. Les corps sont attirés par une force irrésistible et quand les protagonistes s'en aperçoivent, il est trop tard. Certes, cette expérience est *a priori* le gage de notre liberté de choix, puisqu'il y a mise à l'épreuve, mais au bout du compte, cette liberté est niée par les faits. Comme l'écrit Georges Poulet dans ses *Études sur le temps humain*[1], « la passion est une inconnue en présence de laquelle l'âme est soudain placée » et, dans le coup de foudre, elle apparaît « comme une force explosive qui rompt la continuité de l'être ». De ce point de vue, *La Princesse de Montpensier* est déjà une « syncope féminine de la liberté ». Reste que deux figures emblématiques se détachent de l'histoire par la noblesse de leurs sentiments. Chabannes, tout d'abord, qui s'offre en victime expiatoire et périt dans la nuit de la Saint-Barthélemy. Mais surtout la princesse de Montpensier, personnage emblématique de la condition féminine de l'époque, qui sait garder d'un bout à l'autre de la nouvelle sa dignité, même si elle cède comme les autres aux mirages de la passion amoureuse. Pour la femme qu'elle est, le regard social est impitoyable et la punition implacable. Dans un monde dominé par l'homme et strictement codifié par les règles de la bienséance et de la religion – et en dépit de la galanterie de façade – malheur à celle qui se laisse aller au torrent du sentiment amoureux !

Cette rapide analyse nous permet maintenant de mieux esquisser quelques pistes de réflexion pour

---

1. Pocket, collection Agora n° 48, tome 1.

tenter de répondre à la question de départ : comment expliquer l'engouement actuel pour les œuvres de Madame de La Fayette ?

Loin de certains rapprochements historiques qui ne pourraient être qu'hasardeux, remarquons tout d'abord que dans notre monde en crise, instable et violent, en perte de repères et de *poteaux d'angle*, l'homme occidental a pris conscience de l'absurdité de sa condition. Camus l'a bien mis en évidence dans *L'Étranger* et *Le Mythe de Sisyphe*. Sartre, dans *Huis clos*, montre que dans un espace vital qui se rétrécit comme une peau de chagrin, la passion fait des ravages en des lieux étouffants dont les personnages sont prisonniers, précisément comme dans *La Princesse de Clèves*. Estelle et Garcin, dans la pièce de Sartre, veulent s'aimer et tenter de survivre dans l'illusion, mais dès qu'arrive Inès, un tiers importun, la duperie de l'amour apparaît. Dans *L'Être et le Néant*, Sartre écrit : « Il suffit que les amants soient regardés ensemble par un tiers pour que chacun éprouve l'objectivation, non seulement de soi-même, mais de l'autre. » Et l'auteur de conclure : « L'amour est un absolu perpétuellement relativisé par les autres. » Comme Madame de La Fayette qui constate la faillite des morales de son siècle, Sartre débusque les mensonges et les hypocrisies sociales – ce qu'il appelle « la mauvaise foi ». Pour lui, « l'enfer, c'est les autres », et on mesure la proximité de son analyse avec celle de Madame de La Fayette quand il écrit : « l'essentiel des rapports entre les deux consciences (…), c'est le conflit ».

D'autre part, l'actualité de l'œuvre de Madame de La Fayette tient au fait qu'elle est une femme écrivain qui, en plein XVIIe siècle, donne à voir sans fard – elle

13

ne peut guère aller au-delà ! – la condition des femmes à son époque. Et là encore, son œuvre pose certains problèmes qui sont toujours, hélas, les nôtres. Par exemple, la situation précaire de nombreuses femmes victimes de tabous sociaux et religieux. On l'a vu, la princesse de Montpensier elle aussi subit la domination et la *violence* des hommes. L'avant-dernière phrase de la nouvelle est à cet égard pathétique car il montre la prégnance de l'aliénation sociale et morale, même chez la femme lucide et indépendante d'esprit qu'était Madame de La Fayette. On remarquera que les responsabilités des trois hommes auxquels la princesse était attachée ne sont pas évoquées à la fin du livre. Et pour l'auteur, « la vertu et la prudence » eussent dû conduire toutes les actions de la princesse !

« Prudence », lit-on. Il y a peut-être là, enfin, une autre explication à l'engouement actuel pour Madame de La Fayette. Car d'un bout à l'autre de la nouvelle et dans ses autres œuvres, l'auteur ne cesse de louer *la raison* qui, en toutes choses, devrait guider notre jugement et nos actions. Montaigne, observateur lucide de cette époque martyrisée par les guerres de religion, stigmatisait l'attitude d'un peuple prompt à aller aux extrêmes alors que, pour lui, « la voie du milieu, large et ouverte » est le vrai chemin de la sagesse. Mais il remarque qu'une telle démarche est infiniment plus difficile et contraignante que les réactions spontanées et irréfléchies. Là aussi, les témoignages de ces penseurs nous sont précieux dans notre monde déboussolé encore en proie aux pires fanatismes et prompt à céder trop facilement aux sirènes des populismes.

Pour toutes ces *raisons*, et pour tant d'autres, il *faut* donc lire et étudier l'œuvre de Madame de La Fayette. En nous plongeant au cœur de notre histoire, elle nous permet de retrouver nos racines et de tirer des douloureux événements qu'ont vécus nos ancêtres des leçons plus que jamais valables aujourd'hui. Son rejet de l'esbroufe et du clinquant dans la vie comme dans son style, sa quête d'un monde plus raisonnable à hauteur d'homme et de femme nous sont des éléments précieux. Et le film de Bertrand Tavernier relaie utilement cette sage vision.

Jacques Perrin

La Princesse de Montpensier
Marie-Madeleine de La Fayette
Madame de La Fayette

Pendant que la guerre civile déchirait la France sous le règne de Charles IX, l'amour ne laissait pas de trouver sa place parmi tant de désordres et d'en causer beaucoup dans son empire. La fille unique du marquis de Mézières, héritière très considérable, et par ses grands biens, et par l'illustre maison d'Anjou dont elle était descendue, était promise au duc du Maine, cadet du duc de Guise, que l'on a depuis appelé le Balafré. L'extrême jeunesse de cette grande héritière retardait son mariage ; et cependant le duc de Guise qui la voyait souvent, et qui voyait en elle les commencements d'une grande beauté, en devînt amoureux et en fut aimé. Ils cachèrent leur amour avec beaucoup de soin. Le duc de Guise, qui n'avait pas encore autant d'ambition qu'il en a eu depuis, souhaitait ardemment de l'épouser, mais la crainte du cardinal de Lorraine, qui lui tenait lieu de père, l'empêchait de se déclarer. Les choses étaient en cet état, lorsque la maison de Bourbon, qui ne pouvait voir qu'avec envie l'élévation de celle de Guise, s'apercevant de l'avantage qu'elle recevrait de ce mariage, se résolut de le lui ôter et d'en profiter elle-même en faisant épouser cette héritière au jeune prince de Montpensier. On travailla à l'exécution de ce dessein avec tant de succès, que les parents de Mademoiselle de Mézières, contre les promesses qu'ils avaient faites au cardinal de Lorraine, se résolurent de la donner en mariage à ce jeune prince. Toute la maison de Guise fut extrêmement surprise de ce procédé, mais le duc en fut accablé de douleur, et l'intérêt de son amour lui fit recevoir ce manquement de parole comme un affront insupportable. Son ressentiment éclata bientôt, malgré les réprimandes du cardinal de Lorraine et du duc d'Aumale, ses oncles, qui ne voulaient pas s'opiniâtrer à une chose qu'ils voyaient ne pouvoir empêcher, et il s'emporta avec tant de violence, en présence même du jeune prince de Montpensier, qu'il en naquit entre eux une haine qui ne finit qu'avec leur vie. Mademoiselle de Mézières, tourmentée par ses parents d'épouser ce prince, voyant d'ailleurs qu'elle ne pouvait épouser le duc de Guise, et connaissant par sa vertu qu'il était dangereux d'avoir pour beau-frère un homme qu'elle eût souhaité pour mari, se résolut enfin de suivre le sentiment de ses proches et conjura M. de Guise de ne plus apporter d'obstacle à son mariage. Elle épousa donc le prince de Montpensier qui, peu de temps après, l'emmena à Champigny, séjour ordinaire des princes de sa maison, pour l'ôter de Paris où apparemment tout l'effort de la guerre allait tomber. Cette grande ville était menacée d'un siège par l'armée des huguenots, dont le prince de Condé était le chef, et qui venait de déclarer la guerre au roi pour la seconde fois. Le prince de Montpensier, dans sa plus tendre jeunesse, avait fait une amitié très particulière avec le comte de Chabanes, qui était un homme d'un âge beaucoup plus avancé que lui et d'un mérite extraordinaire. Ce comte avait été si sensible à l'estime et à la confiance de ce jeune prince, que, contre les engagements qu'il avait avec le prince de Condé, qui lui faisait espérer des emplois considérables dans le parti des huguenots, il se déclara pour les catholiques, ne pouvant se résoudre à être opposé en quelque chose à un homme qui lui était si cher. Ce changement de parti n'ayant point d'autre fondement, l'on douta qu'il fût véritable, et, la reine mère, Catherine de Médicis, en eut de si grands soupçons que, la guerre étant déclarée par les huguenots, elle eut dessein de le faire arrêter, mais le prince de Montpensier l'en empêcha et emmena Chabanes à Champigny en s'y en allant avec sa femme. Le comte, ayant l'esprit fort doux et fort agréable, gagna bientôt l'estime de la princesse de Montpensier, et en peu de temps, elle n'eut pas moins de confiance et d'amitié pour lui qu'en avait le prince son mari. Chabanes, de son côté, regardait avec admiration tant de beauté, d'esprit et de vertu qui paraissaient en cette jeune princesse, et, se servant de l'amitié qu'elle lui témoignait pour lui inspirer des sentiments d'une vertu extraordinaire et digne de la grandeur de sa naissance, il la rendit en peu de temps une des personnes du monde la plus achevée. Le prince étant revenu à la cour, où la continuation de la guerre l'appelait, le comte demeura seul avec la princesse et continua d'avoir pour elle un respect et une amitié proportionnés à sa qualité et à son mérite. La confiance s'augmenta de part et d'autre ; et à tel point du côté de la princesse de Montpensier, qu'elle lui apprit l'inclination qu'elle avait eue pour M. de Guise, mais elle lui apprit aussi en même temps qu'elle était presque éteinte et qu'il ne lui en restait que ce qui était nécessaire pour défendre l'entrée de son cœur à une autre inclination, et que, la vertu se joignant à ce reste d'impression, elle n'était capable que d'avoir du mépris pour ceux qui oseraient avoir de l'amour pour elle. Le comte qui connaissait la sincérité de cette belle princesse et qui lui voyait d'ailleurs des dispositions si opposées à la faiblesse de la galanterie, ne douta point de la vérité de ses paroles, et néanmoins il ne put se défendre de tant de charmes qu'il voyait tous les jours de si près. Il devint passionnément amoureux de cette princesse, et, quelque honte qu'il trouvât à se laisser surmonter, il fallut céder et l'aimer de la plus violente et de la plus sincère passion qui fût jamais. S'il ne fut pas maître de son cœur, il le fut de ses actions. Le changement de son âme n'en apporta point dans sa conduite et personne ne soupçonna son amour. Il prit un soin exact, pendant une année entière, de le cacher à la princesse, et il crut qu'il aurait toujours le même désir de le lui cacher. L'amour fit en lui ce qu'il fait en tous les autres, il lui donna l'envie de parler et, après tous les combats qui ont accoutumé de se faire en pareilles occasions, il osa lui dire qu'il l'aimait, s'étant bien préparé à essuyer les orages dont la fierté de cette princesse le menaçait. Mais il trouva en elle une tranquillité et une froideur pires mille fois que toutes les rigueurs à quoi il s'était attendu. Elle ne prit pas la peine de se mettre en colère contre lui. Elle lui représenta en peu de mots la différence de leurs qualités et de leur âge, la connaissance particulière qu'il avait de sa vertu et de l'inclination quelle avait eue pour le duc de Guise, et surtout ce qu'il devait à l'amitié et à la confiance du prince son mari. Le comte pensa mourir à ses pieds de honte et de douleur. Elle tâcha de le consoler en l'assurant qu'elle ne se souviendrait jamais de ce qu'il venait de lui dire, qu'elle ne se persuaderait jamais une chose qui lui était si désavantageuse et qu'elle ne le regarderait jamais que comme son meilleur ami. Ces assurances consolèrent le comte, comme on se le peut imaginer. Il sentit le mépris des paroles de la princesse dans toute leur étendue, et, le lendemain, la revoyant avec visage aussi ouvert que de coutume, son affliction en redoubla de la moitié. Le procédé de la princesse ne la diminua pas. Elle vécut avec lui avec la même bonté qu'elle avait accoutumé. Elle lui reparla, quand l'occasion en fit naître le discours, de l'inclination quelle avait eue pour le duc de Guise, et, la renommée commençant alors à publier les grandes qualités qui paraissaient en ce prince, elle lui avoua qu'elle en sentait de la joie et qu'elle était bien aise de voir qu'il méritait les sentiments qu'elle avait eus pour lui. Toutes ces marques de confiance, qui avaient été si chères au comte, lui devinrent insupportables. Il n'osait pourtant le témoigner à la princesse, quoiqu'il osât bien la faire souvenir quelquefois de ce qu'il avait eu la hardiesse de lui dire. Après deux années d'absence, la paix étant faite, le prince de Montpensier revint trouver la princesse sa femme, tout couvert de la gloire qu'il avait acquise au siège de Paris et à la bataille de Saint-Denis. Il fut surpris de voir la beauté de cette princesse dans une si grande perfection, et, par le sentiment d'une jalousie qui lui était naturelle, il en eut quelque chagrin, prévoyant bien qu'il ne serait pas seul à la trouver belle. Il eut beaucoup de joie de revoir le comte de Chabanes, pour qui son amitié n'était point diminuée. Il lui demanda confidemment des nouvelles de l'esprit et de l'humeur de sa femme, qui lui était quasi une personne inconnue, par le peu de temps qu'il avait demeuré avec elle. Le comte, avec une sincérité aussi exacte que s'il n'eût point été amoureux, dit au prince tout ce qu'il connaissait en cette princesse capable de la lui faire aimer, et il avertit aussi Madame de Montpensier de toutes les choses qu'elle devait faire pour achever de gagner le cœur et l'estime de son mari.

Enfin, la passion du comte le portait si naturellement à ne songer qu'à ce qui pouvait augmenter le bonheur et la gloire de cette princesse, qu'il oubliait sans peine l'intérêt qu'ont les amants à empêcher que les personnes qu'ils aiment ne soient dans une parfaite intelligence avec leurs maris. La paix ne fit que paraître. La guerre recommença aussitôt, par le dessein qu'eut le roi de faire arrêter à Noyers le prince de Condé et l'amiral de Châtillon, et, ce dessein ayant été découvert, l'on commença de nouveau les préparatifs de la guerre, et le prince de Montpensier fut contraint de quitter sa femme pour se rendre où son devoir l'appelait. Chabanes le suivit à la cour, s'étant entièrement justifié auprès de la reine. Ce ne fut pas sans une douleur extrême qu'il quitta la princesse qui, de son côté, demeura fort triste des périls où la guerre allait exposer son mari. Les chefs des huguenots s'étaient retirés à La Rochelle. Le Poitou et la Saintonge étant dans leur parti, la guerre s'y alluma fortement et le roi y rassembla toutes ses troupes. Le duc d'Anjou, son frère, qui fut depuis Henri III, y acquit beaucoup de gloire par plusieurs belles actions, et entre autres par la bataille de Jarnac, où le prince de Condé fut tué. Ce fut dans cette guerre que le duc de Guise commença à avoir des emplois considérables et à faire connaître qu'il passait de beaucoup les grandes espérances qu'on avait conçues de lui. Le prince de Montpensier, qui le haïssait, et comme son ennemi particulier, et comme celui de sa maison, ne voyait qu'avec peine la gloire de ce duc, aussi bien que l'amitié que lui témoignait le duc d'Anjou. Après que les deux armées se furent fatiguées par beaucoup de petits combats, d'un commun consentement on licencia les troupes pour quelque temps. Le duc d'Anjou demeura à Loches, pour donner ordre à toutes les places qui eussent pu être attaquées. Le duc de Guise y demeura avec lui et le prince de Montpensier, accompagné du comte de Chabanes, s'en retourna à Champigny, qui n'était pas fort éloigné de là. Le duc d'Anjou allait souvent visiter les places qu'il faisait fortifier. Un jour qu'il revenait à Loches par un chemin peu connu de ceux de sa suite, le duc de Guise, qui se vantait de le savoir, se mit à la tête de la troupe pour servir de guide, mais, après avoir marché quelque temps, il s'égara et se trouva sur le bord d'une petite rivière qu'il ne reconnut pas lui-même. Le duc d'Anjou lui fit la guerre de les avoir si mal conduits et, étant arrêtés en ce lieu, aussi disposés à la joie qu'ont accoutumé de l'être de jeunes princes, ils aperçurent un petit bateau qui était arrêté au milieu de la rivière, et, comme elle n'était pas large, ils distinguèrent aisément dans ce bateau trois ou quatre femmes, et une entre autres qui leur sembla fort belle, qui était habillée magnifiquement, et qui regardait avec attention deux hommes qui pêchaient auprès d'elle. Cette aventure donna une nouvelle joie à ces jeunes princes et à tous ceux de leur suite. Elle leur parut une chose de roman. Les uns disaient au duc de Guise qu'il les avait égarés exprès pour leur faire voir cette belle personne, les autres, qu'il fallait, après ce qu'avait fait le hasard, qu'il en devînt amoureux, et le duc d'Anjou soutenait que c'était lui qui devait être son amant. Enfin, voulant pousser l'aventure à bout, ils firent avancer dans la rivière de leurs gens à cheval, le plus avant qu'il se put, pour crier à cette dame que c'était monsieur d'Anjou qui eût bien voulu passer de l'autre côté de l'eau et qui priait qu'on le vînt prendre. Cette dame, qui était la princesse de Montpensier, entendant dire que le duc d'Anjou était là et ne doutant point, à la quantité des gens qu'elle voyait au bord de l'eau, que ce ne fût lui, fit avancer son bateau pour aller du côté où il était. Sa bonne mine le lui fit bientôt distinguer des autres, mais elle distingua encore plutôt le duc de Guise. Sa vue lui apporta un trouble qui la fit un peu rougir et qui la fit paraître aux yeux de ces princes dans une beauté qu'ils crurent surnaturelle. Le duc de Guise la reconnut d'abord, malgré le changement avantageux qui s'était fait en elle depuis les trois années qu'il ne l'avait vue. Il dit au duc d'Anjou qui elle était, qui fut honteux d'abord de la liberté qu'il avait prise, mais voyant Madame de Montpensier si belle, et cette aventure lui plaisant si fort, il se résolut de l'achever, et après mille excuses et mille compliments, il inventa une affaire considérable, qu'il disait avoir au-delà de la rivière et accepta l'offre qu'elle lui fit de le passer dans son bateau. Il y entra seul avec le duc de Guise, donnant ordre à tous ceux qui les suivaient d'aller passer la rivière à un autre endroit et

26

de les venir joindre à Champigny, que Madame de Montpensier leur dit qui n'était qu'à deux lieues de là. Sitôt qu'ils furent dans le bateau, le duc d'Anjou lui demanda à quoi ils devaient une si agréable rencontre et ce qu'elle faisait au milieu de la rivière. Elle lui répondit qu'étant partie de Champigny avec le prince son mari, dans le dessein de le suivre à la chasse, s'étant trouvée trop lasse, elle était venue sur le bord de la rivière où la curiosité de voir prendre un saumon, qui avait donné dans un filet, l'avait fait entrer dans ce bateau. M. de Guise ne se mêlait point dans la conversation, mais, sentant réveiller vivement dans son cœur tout ce que cette princesse y avait autrefois fait naître, il pensait en lui-même qu'il sortirait difficilement de cette aventure sans rentrer dans ses liens. Ils arrivèrent bientôt au bord, où ils trouvèrent les chevaux et les écuyers de Madame de Montpensier, qui l'attendaient. Le duc d'Anjou et le duc de Guise lui aidèrent à monter à cheval, où elle se remit avec une grâce admirable. Pendant tout le chemin, elle les entretint agréablement de diverses choses. Ils ne furent pas moins surpris des charmes de son esprit qu'ils l'avaient été de sa beauté, et ils ne purent s'empêcher de lui faire connaître qu'ils en étaient extraordinairement surpris. Elle répondit à leurs louanges avec toute la modestie imaginable, mais un peu plus froidement à celles du duc de Guise, voulant garder une fierté qui l'empêchait de fonder aucune espérance sur l'inclination qu'elle avait eue pour lui. En arrivant dans la première cour de Champigny, ils trouvèrent le prince de Montpensier, qui ne faisait que de revenir de la chasse. Son étonnement fut grand de voir marcher deux hommes à côté de sa femme, mais il fut extrême quand, s'approchant de plus près, il reconnut que c'était le duc d'Anjou et le duc de Guise. La haine qu'il avait pour le dernier, se joignant à sa jalousie naturelle, lui fit trouver quelque chose de si désagréable à voir ces princes avec sa femme, sans savoir comment ils s'y étaient trouvés, ni ce qu'ils venaient faire en sa maison, qu'il ne put cacher le chagrin qu'il en avait. Il en rejeta adroitement la cause sur la crainte de ne pouvoir recevoir un si grand prince selon sa qualité, et comme il l'eût bien souhaité. Le comte de Chabanes avait encore plus de chagrin de voir M. de Guise auprès de Madame de Montpensier, que M. de Montpensier n'en avait lui-même. Ce que le hasard avait fait pour rassembler ces deux personnes lui semblait de si mauvais augure, qu'il pronostiquait aisément que ce commencement de roman ne serait pas sans suite. Madame de Montpensier fit, le soir, les honneurs de chez elle avec le même agrément qu'elle faisait toutes choses. Enfin elle ne plut que trop à ses hôtes. Le duc d'Anjou, qui était fort galant et fort bien fait, ne put voir une fortune si digne de lui sans la souhaiter ardemment : il fut touché du même mal que M. de Guise et, feignant toujours des affaires extraordinaires, il demeura deux jours à Champigny, sans être obligé d'y demeurer que par les charmes de Madame de Montpensier, le prince son mari ne faisant point de violence pour l'y retenir. Le duc de Guise ne partit pas sans faire entendre à Madame de Montpensier qu'il était pour elle ce qu'il avait été autrefois, et, comme sa passion n'avait été sue de personne, il lui dit plusieurs fois devant tout le monde, sans être entendu que d'elle, que son cœur n'était point changé. Et lui et le duc d'Anjou partirent de Champigny avec beaucoup de regret. Ils marchèrent longtemps tous deux dans un profond silence. Mais enfin le duc d'Anjou, s'imaginant tout d'un coup que ce qui faisait sa rêverie, pouvait bien causer celle du duc de Guise, lui demanda brusquement s'il pensait aux beautés de la princesse de Montpensier. Cette demande si brusque, jointe à ce qu'avait déjà remarqué le duc de Guise des sentiments du duc d'Anjou, lui fit voir qu'il serait infailliblement son rival et qu'il était très important de ne pas découvrir son amour à ce prince. Pour lui en ôter tout soupçon, il lui répondit en riant qu'il paraissait lui-même si occupé de la rêverie dont il l'accusait, qu'il n'avait pas jugé à propos de l'interrompre ; que les beautés de la princesse de Montpensier n'étaient pas nouvelles pour lui ; qu'il s'était accoutumé à en supporter l'éclat du temps qu'elle était destinée à être sa belle-sœur, mais qu'il voyait bien que tout le monde n'en était pas si peu ébloui. Le duc d'Anjou lui avoua qu'il n'avait encore rien vu qui lui parût comparable à cette jeune princesse et qu'il sentait bien que sa vue lui pourrait être dangereuse, s'il y était souvent exposé. Il voulut faire convenir le duc de Guise qu'il sentait la même chose, mais ce duc, qui commençait à se faire une affaire sérieuse de son amour, n'en voulut rien avouer. Ces princes s'en retournèrent à Loches, faisant souvent leur agréable conversation de l'aventure qui leur avait découvert la princesse de Montpensier. Ce ne fut pas un sujet de si grand divertissement dans Champigny. Le prince de Montpensier était mal content de tout ce qui était arrivé, sans qu'il en pût dire le sujet. Il trouvait mauvais que sa femme se fût trouvée dans ce bateau. Il lui semblait qu'elle avait reçu trop agréablement ces princes, et, ce qui lui déplaisait le plus, était d'avoir remarqué que le duc de Guise l'avait regardée attentivement. Il en connut dès ce moment une jalousie furieuse, qui le fit ressouvenir de l'emportement qu'il avait témoigné lors de son mariage, et il eut quelque pensée que, dès ce temps-là même, il en était amoureux. Le chagrin que tous ces soupçons lui causèrent donnèrent de mauvaises heures à la princesse de Montpensier. Le comte de Chabanes, selon sa coutume, prit soin d'empêcher qu'ils ne se brouillassent tout à fait, afin de persuader par là à la princesse combien la passion qu'il avait pour elle était sincère et désintéressée. Il ne put s'empêcher de lui demander l'effet qu'avait produit en elle la vue du duc de Guise. Elle lui apprit qu'elle en avait été troublée par la honte du souvenir de l'inclination qu'elle lui avait autrefois témoignée ; qu'elle l'avait trouvé beaucoup mieux fait qu'il n'était en ce temps-là, et que même il lui avait paru qu'il voulait lui persuader qu'il l'aimait encore, mais elle l'assura, en même temps, que rien ne pouvait ébranler la résolution qu'elle avait prise de ne s'engager jamais. Le comte de Chabanes eut bien de la joie d'apprendre cette résolution, mais rien ne le pouvait rassurer sur le duc de Guise. Il témoigna à la princesse qu'il appréhendait extrêmement que les premières impressions ne revinssent bientôt, et il lui fit comprendre la mortelle douleur qu'il aurait, pour leur intérêt commun, s'il la voyait un jour changer de sentiments. La princesse de Montpensier, continuant toujours son procédé avec lui, ne répondait presque pas à ce qu'il lui disait de sa passion et ne considérait toujours en lui que la qualité du meilleur ami du monde, sans lui vouloir faire l'honneur de prendre garde à celle d'amant.

Les armées étant remises sur pied, tous les princes y retournèrent, et le prince de Montpensier trouva bon que sa femme s'en vînt à Paris, pour n'être plus si proche des lieux où se faisait la guerre. Les huguenots assiégèrent la ville de Poitiers. Le duc de Guise s'y jeta pour la défendre et il y fit des actions qui suffiraient seules pour rendre glorieuse une autre vie que la sienne. Ensuite la bataille de Moncontour se donna. Le duc d'Anjou, après avoir pris Saint-Jean-d'Angély, tomba malade, et quitta en même temps l'armée, soit par la violence de son mal, soit par l'envie qu'il avait de revenir goûter le repos et les douceurs de Paris, où la présence de la princesse de Montpensier n'était pas la moindre raison qui l'attirât. L'armée demeura sous le commandement du prince de Montpensier, et, peu de temps après, la paix étant faite, toute la cour se trouva à Paris. La beauté de la princesse effaça toutes celles qu'on avait admirées jusques alors. Elle attira les yeux de tout le monde par les charmes de son esprit et de sa personne. Le duc d'Anjou ne changea pas à Paris les sentiments qu'il avait conçus pour elle à Champigny. Il prit un soin extrême de le lui faire connaître par toutes sortes de soins ; prenant garde toutefois à ne lui en pas rendre des témoignages trop éclatants, de peur de donner de la jalousie au prince son mari. Le duc de Guise acheva d'en devenir violemment amoureux, et voulant, par plusieurs raisons, tenir sa passion cachée, il se résolut de la lui déclarer d'abord, afin de s'épargner tous ces commencements qui font toujours naître le bruit et l'éclat. Étant un jour chez la reine à une heure où il y avait très peu de monde, la reine s'étant retirée pour parler d'affaires avec le cardinal de Lorraine, la princesse de Montpensier y arriva. Il se résolut de prendre ce moment pour lui parler, et, s'approchant d'elle :

— Je vais vous surprendre, madame, lui dit il, et vous déplaire en vous apprenant que j'ai toujours conservé cette passion qui vous a été connue autrefois, mais qui s'est si fort augmentée en vous revoyant, que ni votre sévérité, ni la haine de M. le prince de Montpensier, ni la concurrence du premier prince du royaume, ne sauraient lui ôter un moment de sa violence. Il aurait été plus respectueux de vous la faire connaître par mes actions que par mes paroles, mais, madame, mes actions l'auraient apprise à d'autres aussi bien qu'à vous et je souhaite que vous sachiez seule que je suis assez hardi pour vous adorer.

La princesse fut d'abord si surprise et si troublée de ce discours, qu'elle ne songea pas à l'interrompre, mais ensuite, étant revenue à elle et commençant à lui répondre, le prince de Montpensier entra. Le trouble et l'agitation étaient peints sur le visage de la princesse, la vue de son mari acheva de l'embarrasser, de sorte quelle lui en laissa plus entendre que le duc de Guise ne lui en venait de dire. La reine sortit de son cabinet et le duc se retira pour guérir la jalousie de ce prince. La princesse de Montpensier trouva le soir dans l'esprit de son mari tout le chagrin imaginable. Il s'emporta contre elle avec des violences épouvantables, et lui défendit de parler jamais au duc de Guise. Elle se retira bien triste dans son appartement et bien occupée des aventures qui lui étaient arrivées ce jour-là. Le jour suivant, elle revit le duc de Guise chez la reine, mais il ne l'aborda pas et se contenta de sortir un peu après elle pour lui faire voir qu'il n'y avait que faire quand elle n'y était pas. Il ne se passait point de jour qu'elle ne reçût mille marques cachées de la passion de ce duc, sans qu'il essayât de lui en parler que lorsqu'il ne pouvait être vu de personne. Comme elle était bien persuadée de cette passion, elle commença, nonobstant toutes les résolutions quelle avait faites à Champigny, à sentir dans le fond de son cœur quelque chose de ce qui y avait été autrefois.

[Le duc d'Anjou, de son côté, qui n'oubliait rien pour lui témoigner son amour en tous les lieux où il la pouvait voir et qui la suivait continuellement chez la reine, sa mère, et la princesse, sa sœur, en était traité avec une rigueur étrange et capable de guérir toute autre passion que la sienne.] On découvrit, en ce temps-là, que cette princesse, qui fut depuis la reine de Navarre, eut quelque attachement pour le duc de Guise ; et ce qui le fit découvrir davantage, fut le refroidissement qui parut du duc d'Anjou pour le duc de Guise. La princesse de Montpensier apprit cette nouvelle, qui ne lui fut pas indifférente et qui lui fit sentir qu'elle prenait plus d'intérêt au duc de Guise qu'elle ne pensait. M. de Montpensier, son beau-père, épousant alors Mademoiselle de Guise, sœur de ce duc, elle était contrainte de le voir souvent dans les lieux où les cérémonies des noces les appelaient l'un et l'autre. La princesse de Montpensier, ne pouvant plus souffrir qu'un homme que toute la France croyait amoureux de Madame, osât lui dire qu'il l'était d'elle, et se sentant offensée et quasi affligée de s'être trompée elle-même, un jour que le duc de Guise la rencontra chez sa sœur, un peu éloignée des autres et qu'il lui voulut parler de sa passion, elle l'interrompit brusquement et lui dit d'un ton de voix qui marquait sa colère :

33

— Je ne comprends pas qu'il faille, sur le fondement d'une faiblesse dont on a été capable à treize ans, avoir l'audace de faire l'amoureux d'une personne comme moi, et surtout quand on l'est d'une autre à la vue de toute la cour.

Le duc de Guise, qui avait beaucoup d'esprit et qui était fort amoureux, n'eut besoin de consulter personne pour entendre tout ce que signifiait les paroles de la princesse. Il lui répondit avec beaucoup de respect :

— J'avoue, madame, que j'ai eu tort de ne pas mépriser l'honneur d'être beau-frère de mon roi plutôt que de vous laisser soupçonner un moment que je pouvais désirer un autre cœur que le vôtre, mais, si vous voulez me faire la grâce de m'écouter, je suis assuré de me justifier auprès de vous.

La princesse de Montpensier ne répondit point, mais elle ne s'éloigna pas, et le duc de Guise, voyant quelle lui donnait l'audience qu'il souhaitait, lui apprit que sans s'être attiré les bonnes grâces de Madame par aucun soin, elle l'en avait honoré ; que, n'ayant nulle passion pour elle, il avait très mal répondu à l'honneur qu'elle lui faisait, jusques à ce qu'elle lui eût donné quelque espérance de l'épouser ; qu'à la vérité la grandeur où ce mariage pouvait l'élever, l'avait obligé de lui rendre plus de devoirs et que c'était ce qui avait donné lieu au soupçon qu'en avaient eu le roi et le duc d'Anjou ; que l'opposition de l'un ni de l'autre ne le dissuadait pas de son dessein, mais que, si ce dessein lui déplaisait, il l'abandonnait, dès l'heure même, pour n'y penser de sa vie. Le sacrifice que le duc de Guise faisait à la princesse lui fit oublier toute la rigueur et toute la colère avec laquelle elle avait commencé de lui parler. Elle changea de discours et se mit à l'entretenir de la faiblesse qu'avait eue Madame de l'aimer la première, et de l'avantage considérable qu'il recevrait en l'épousant. Enfin, sans rien dire d'obligeant au duc de Guise, elle lui fit revoir mille choses agréables qu'il avait trouvées autrefois en Mademoiselle de Mézières. Quoiqu'ils ne se fussent point parlé depuis longtemps, ils se trouvèrent accoutumés l'un à l'autre, et leurs cœurs se remirent aisément dans un chemin qui ne leur était pas inconnu. Ils finirent cette agréable conversation, qui laissa une sensible joie dans l'esprit du duc de Guise. La princesse n'en eut pas une petite de connaître qu'il l'aimait véritablement. Mais quand elle fut dans son cabinet, quelles réflexions ne fit-elle point sur la honte de s'être laissée fléchir si aisément aux excuses du duc de Guise, sur l'embarras où elle s'allait plonger en s'engageant dans une chose qu'elle avait regardée avec tant d'horreur et sur les effroyables malheurs où la jalousie de son mari la pouvait jeter ! Ces pensées lui firent faire de nouvelles résolutions, mais qui se dissipèrent dès le lendemain par la vue du duc de Guise. Il ne manquait point de lui rendre un compte exact de ce qui se passait entre Madame et lui. La nouvelle alliance de leurs maisons lui donnait occasion de lui parler souvent. Mais il n'avait pas peu de peine à la guérir de la jalousie que lui donnait la beauté de Madame, contre laquelle il n'y avait point de serment qui la pût rassurer. Cette jalousie servait à la princesse de Montpensier à défendre le reste de son cœur contre les soins du duc de Guise, qui en avait déjà gagné la plus grande partie. Le mariage du roi avec la fille de l'empereur Maximilien remplit la cour de fêtes et de réjouissances. Le roi fit un ballet où dansaient Madame et toutes les princesses. La princesse de Montpensier pouvait seule lui disputer le prix de la beauté. Le duc d'Anjou dansait une entrée de Maures et le duc de Guise, avec quatre autres, était de son entrée. Leurs habits étaient tous pareils, comme le sont d'ordinaire les habits de ceux qui dansent une même entrée. La première fois que le ballet se dansa, le duc de Guise, devant que de danser, n'ayant pas encore son masque, dit quelques mots en passant à la princesse de Montpensier. Elle s'aperçut bien que le prince son mari y avait pris garde, ce qui la mit en inquiétude. Quelque temps après, voyant le duc d'Anjou avec son masque et son habit de Maure qui venait pour lui parler, troublée de son inquiétude, elle crut que c'était encore le duc de Guise et, s'approchant de lui :

— N'ayez des yeux ce soir que pour Madame, lui dit-elle, je n'en serai point jalouse, je vous l'ordonne, on m'observe, ne m'approchez plus.

Elle se retira sitôt qu'elle eut achevé ces paroles. Le duc d'Anjou en demeura accablé comme d'un coup de tonnerre. Il vit dans ce moment qu'il avait un rival aimé. Il comprit, par le nom de Madame, que ce rival était le duc de Guise, et il ne put douter que la princesse sa sœur ne fût le sacrifice qui avait rendu la princesse de Montpensier favorable aux vœux de son rival. La jalousie, le dépit et la rage, se joignant à la haine qu'il avait déjà pour lui, firent dans son âme tout ce qu'on peut imaginer de plus violent, et il eût donné sur l'heure quelque marque sanglante de son désespoir, si la dissimulation qui lui était naturelle ne fût venue à son secours et ne l'eût obligé, par des raisons puissantes, en l'état qu'étaient les choses, à ne rien entreprendre contre le duc de

Guise. Il ne put toutefois se refuser le plaisir de lui apprendre qu'il savait le secret de son amour ; et, l'abordant en sortant de la salle où l'on avait dansé :

— C'est trop, lui dit-il, d'oser lever les yeux jusques à ma sœur et de m'ôter ma maîtresse. La considération du roi m'empêche d'éclater, mais souvenez-vous que la perte de votre vie sera peut-être la moindre chose dont je punirai quelque jour votre témérité.

La fierté du duc de Guise n'était pas accoutumée à de telles menaces. Il ne put néanmoins y répondre, parce que le roi, qui sortait en ce moment, les appela tous deux, mais elles gravèrent dans son cœur un désir de vengeance qu'il travailla toute sa vie à satisfaire. Dès le même soir, le duc d'Anjou lui rendit toutes sortes de mauvais offices auprès du roi. Il lui persuada que jamais Madame ne consentirait d'être mariée avec le roi de Navarre, avec qui on proposait de la marier, tant que l'on souffrirait que le duc de Guise l'approchât, et qu'il était honteux de souffrir qu'un de ses sujets, pour satisfaire à sa vanité, apportât de l'obstacle à une chose qui devait donner la paix à la France. Le roi avait déjà assez d'aigreur contre le duc de Guise. Ce discours l'augmenta si fort que, le voyant le lendemain comme il se présentait pour entrer au bal chez la reine, paré d'un nombre infini de pierreries, mais plus paré encore de sa bonne mine, il se mit à l'entrée de la porte et lui demanda brusquement où il allait. Le duc, sans s'étonner, lui dit qu'il venait pour lui rendre ses très humbles services ; à quoi le roi répliqua qu'il n'avait pas besoin de ceux qu'il lui rendait, et se tourna sans le regarder. Le duc de Guise ne laissa pas d'entrer dans la salle, outré dans le cœur, et contre le roi, et contre le duc d'Anjou. Mais sa douleur augmenta sa fierté naturelle et, par une manière de dépit, il s'approcha beaucoup plus de Madame qu'il n'avait accoutumé ; joint que ce que lui avait dit le duc d'Anjou de la princesse de Montpensier l'empêchait de jeter les yeux sur elle. Le duc d'Anjou les observait soigneusement l'un et l'autre. Les yeux de cette princesse laissaient voir malgré elle quelque chagrin lorsque le duc de Guise parlait à Madame. Le duc d'Anjou, qui avait compris par ce quelle lui avait dit en le prenant pour M. de Guise, qu'elle avait de la jalousie, espéra de les brouiller et, se mettant auprès d'elle :

— C'est pour votre intérêt, madame, plutôt que pour le mien, lui dit-il, que je m'en vais vous apprendre que le duc de Guise ne mérite pas que vous l'ayez choisi à mon préjudice. Ne m'interrompez point, je vous prie, pour me dire le contraire d'une vérité que je ne sais que trop. Il vous trompe, madame, et vous sacrifie à ma sœur, comme il vous l'a sacrifiée. C'est un homme qui n'est capable que d'ambition mais, puisqu'il a eu le bonheur de vous plaire, c'est assez. Je ne m'opposerai point à une fortune que je méritais, sans doute, mieux que lui. Je m'en rendrais indigne si je m'opiniâtrais davantage à la conquête d'un cœur qu'un autre possède. C'est trop de n'avoir pu attirer que votre indifférence. Je ne veux pas y faire succéder la haine en vous importunant plus longtemps de la plus fidèle passion qui fut jamais.

Le duc d'Anjou, qui était effectivement touché d'amour et de douleur, put à peine achever ces paroles, et, quoiqu'il eût commencé son discours dans un esprit de dépit et de vengeance, il s'attendrit, en considérant la beauté de la princesse et la perte qu'il faisait en perdant l'espérance d'en être aimé, de sorte que, sans attendre sa réponse, il sortit du bal, feignant de se trouver mal, et s'en alla chez lui rêver à son malheur. La princesse de Montpensier demeura affligée et troublée, comme on se le peut imaginer. Voir sa réputation et le secret de sa vie entre les mains d'un prince qu'elle avait maltraité et apprendre par lui, sans pouvoir en douter, qu'elle était trompée par son amant, étaient des choses peu capables de lui laisser la liberté d'esprit que demandait un lieu destiné à la joie. Il fallut pourtant demeurer en ce lieu et aller souper ensuite chez la duchesse de Montpensier, sa belle-mère, qui l'emmena avec elle. Le duc de Guise, qui mourait d'impatience de lui conter ce que lui avait dit le duc d'Anjou le jour précédent, la suivit chez sa sœur. Mais quel fut son étonnement lorsque, voulant entretenir cette belle princesse, il trouva qu'elle ne lui parlait que pour lui faire des reproches épouvantables ! Et le dépit lui faisait faire ces reproches si confusément, qu'il n'y pouvait rien comprendre, sinon qu'elle l'accusait d'infidélité et de trahison. Accablé de désespoir de trouver une si grande augmentation de douleur où il avait espéré de se consoler de tous ses ennuis et aimant cette princesse avec une passion qui ne pouvait plus le laisser vivre dans l'incertitude d'en être aimé, il se détermina tout d'un coup :

— Vous serez satisfaite, madame, lui dit-il. Je m'en vais faire pour vous ce que toute la puissance royale n'aurait pu obtenir de moi. Il m'en coûtera ma fortune, mais c'est peu de chose pour vous satisfaire.

Sans demeurer davantage chez la duchesse sa sœur, il s'en alla trouver, à l'heure même, les cardinaux, ses oncles et, sur le prétexte du mauvais traitement qu'il avait reçu du roi, il leur fit voir une si grande nécessité pour sa fortune à faire paraître qu'il n'avait aucune pensée d'épouser Madame, qu'il les obligea à conclure son mariage avec la princesse de Portien, duquel on avait déjà parlé. La nouvelle de ce mariage fut aussitôt sue par tout Paris. Tout le monde fut surpris, et la princesse de Montpensier en fut touchée de joie et de douleur. Elle fut bien aise de voir par là le pouvoir qu'elle avait sur le duc de Guise et elle fut fâchée en même temps de lui avoir fait abandonner une chose aussi avantageuse que le mariage de Madame. Le duc de Guise, qui voulait au moins que l'amour le récompensât de ce qu'il perdait du côté de la fortune, pressa la princesse de lui donner une audience particulière pour s'éclaircir des reproches injustes qu'elle lui avait faits. Il obtint qu'elle se trouverait chez la duchesse de Montpensier, sa sœur, à une heure que cette duchesse n'y serait pas et qu'il pourrait l'entretenir en particulier. Le duc de Guise eut la joie de se pouvoir jeter à ses pieds, de lui parler en liberté de sa passion et de lui dire ce qu'il avait souffert de ses soupçons. La princesse ne pouvait s'ôter de l'esprit ce que lui avait dit le duc d'Anjou, quoique le procédé du duc de Guise la dût absolument rassurer. Elle lui apprit le juste sujet qu'elle avait de croire qu'il l'avait trahie, puisque le duc d'Anjou savait ce qu'il ne pouvait avoir appris que de lui. Le duc de Guise ne savait par où se défendre et était aussi embarrassé que la princesse de Montpensier à deviner ce qui avait pu découvrir leur intelligence. Enfin, dans la suite de leur conversation, comme elle lui remontrait qu'il avait eu tort de précipiter son mariage avec la princesse de Portien et d'abandonner celui de Madame, qui lui était si avantageux, elle lui dit qu'il pouvait bien juger qu'elle n'en eût eu aucune jalousie, puisque, le jour du ballet, elle-même l'avait conjuré de n'avoir des yeux que pour Madame. Le duc de Guise lui dit qu'elle avait eu l'intention de lui faire ce commandement, mais qu'assurément elle ne [le] lui avait pas fait. La princesse lui soutint le contraire. Enfin, à force de disputer et d'approfondir, ils trouvèrent qu'il fallait qu'elle se fût trompée dans la ressemblance des habits et qu'elle-même eût appris au duc d'Anjou ce qu'elle accusait le duc de Guise de lui avoir appris. Le duc de Guise, qui était presque justifié dans son esprit par son mariage, le fut entièrement par cette conversation. Cette belle princesse ne put refuser son cœur à un homme qui l'avait possédé autrefois et qui venait de tout abandonner pour elle. Elle consentit donc à recevoir ses vœux et lui permit de croire qu'elle n'était pas insensible à sa passion. L'arrivée de la duchesse de Montpensier, sa belle-mère, finit cette conversation et empêcha le duc de Guise de lui faire voir les transports de sa joie. Quelque temps après, la cour s'en allant à Blois, où la princesse de Montpensier la suivit, le mariage de Madame avec le roi de Navarre y fut conclu. Le duc de Guise, ne connaissant plus de grandeur ni de bonne fortune que celle d'être aimé de la princesse, vit avec joie la conclusion de ce mariage, qui l'aurait comblé de douleur dans un autre temps. Il ne pouvait si bien cacher son amour que le prince de Montpensier n'en entrevît quelque chose, lequel, n'étant plus maître de sa jalousie, ordonna à la princesse sa femme de s'en aller à Champigny. Ce commandement lui fut bien rude ; il fallut pourtant obéir. Elle trouva moyen de dire adieu en particulier au duc de Guise, mais elle se trouva bien embarrassée à lui donner des moyens sûrs pour lui écrire. Enfin, après avoir bien cherché, elle jeta les yeux sur le comte de Chabanes, qu'elle comptait toujours pour son ami, sans considérer qu'il était son amant. Le duc de Guise, qui savait à quel point ce comte était ami du prince de Montpensier, fut épouvanté qu'elle le choisit pour son confident, mais elle lui répondu si bien de sa fidélité, qu'elle le rassura. Il se sépara d'elle avec toute la douleur que peut causer l'absence d'une personne que l'on aime passionnément. Le comte de Chabanes, qui avait toujours été malade à Paris pendant le séjour de la princesse de Montpensier à Blois, sachant qu'elle s'en allait à Champigny, la fut trouver sur le chemin pour s'en aller avec elle. Elle lui fit mille caresses et mille amitiés et lui témoigna une impatience extraordinaire de s'entretenir en particulier, dont il fut d'abord charmé. Mais quel fut son étonnement et sa douleur, quand il trouva que cette impatience n'allait qu'à lui conter qu'elle était passionnément aimée du duc de Guise et qu'elle l'aimait de la même sorte ! Son étonnement et sa douleur ne lui permirent pas de répondre. La princesse, qui était pleine de sa passion et qui trouvait un soulagement extrême à lui en parler, ne prit pas garde à son silence et se mit à lui conter jusques aux plus petites circonstances de son aventure. Elle lui dit comme le duc de Guise et elle étaient convenus de recevoir par son moyen les lettres qu'ils devaient s'écrire. Ce fut le dernier coup pour le comte de Chabanes de voir que sa maîtresse voulait qu'il servît son rival et qu'elle lui en faisait la proposition comme d'une chose qui lui devait être agréable. Il était si absolument maître de lui-même qu'il lui cacha tous ses sentiments. Il lui témoigna seulement la surprise où il était de voir en elle un si grand changement. Il espéra d'abord que ce changement, qui lui ôtait toutes ses espérances, lui ôterait aussi toute sa passion, mais il trouva cette princesse si charmante, sa beauté naturelle étant encore de beaucoup augmentée par une certaine grâce que lui avait donnée l'air de la cour, qu'il sentit qu'il l'aimait plus que jamais. Toutes les confidences qu'elle lui faisait sur la tendresse et sur la délicatesse de ses sentiments pour le duc de Guise lui faisaient voir le prix du cœur de cette princesse et lui donnaient un désir de le posséder. Comme sa passion était la plus extraordinaire du monde, elle produisit l'effet du monde le plus extraordinaire, car elle le fit résoudre de porter à sa maîtresse les lettres de son rival. L'absence du duc de Guise donnait un chagrin mortel à la princesse de Montpensier ; et, n'espérant de soulagement que par ses lettres, elle tourmentait incessamment le comte de Chabanes pour savoir s'il n'en recevait point et se prenait quasi à lui de n'en avoir pas assez tôt. Enfin, il en reçut par un gentilhomme du duc de Guise et il les lui apporta à l'heure même, pour ne lui retarder pas sa joie d'un moment. Celle qu'elle eut de les recevoir fut extrême. Elle ne prit pas le soin de la lui cacher et lui fit avaler à longs traits tout le poison imaginable en lui lisant ces lettres et la réponse tendre et galante qu'elle y faisait. Il porta cette réponse au gentilhomme avec la même fidélité avec laquelle il avait rendu la lettre à la princesse, mais avec plus de douleur. Il se consola pourtant un peu dans la pensée que cette princesse ferait quelque réflexion sur ce qu'il faisait pour elle et qu'elle lui en témoignerait de la reconnaissance. La trouvant de jour en jour plus rude pour lui, par le chagrin qu'elle avait d'ailleurs, il prit la liberté de la supplier de penser un peu à ce qu'elle lui faisait souffrir. La princesse, qui n'avait dans la tête que le duc de Guise et qui ne trouvait que lui seul digne de l'adorer, trouva si mauvais qu'un autre que lui osât penser à elle, qu'elle maltraita bien plus le comte de Chabanes en cette occasion qu'elle n'avait fait la première fois qu'il lui avait parlé de son amour. Quoique sa passion, aussi bien que sa patience, fût extrême et à toutes épreuves, il quitta la princesse et s'en alla chez un de ses amis, dans le voisinage de Champigny, d'où il lui écrivit avec toute la rage que pouvait causer un si étrange procédé, mais néanmoins avec tout le respect qui était dû à sa qualité, et, par sa lettre, il lui disait un éternel adieu. La princesse commença à se repentir d'avoir si peu ménagé un homme sur qui elle avait tant de pouvoir ; et, ne pouvant se résoudre à le perdre, non seulement à cause de l'amitié qu'elle avait pour lui, mais aussi par l'intérêt de son amour, pour lequel il lui était tout à fait nécessaire, elle lui manda qu'elle voulait absolument lui parler encore une fois et après cela qu'elle le laissait libre de faire ce qu'il lui plairait. L'on est bien faible quand on est amoureux. Le comte revint et, en moins d'une heure, la beauté de la princesse de Montpensier, son esprit et quelques paroles obligeantes le rendirent plus soumis qu'il n'avait jamais été, et il lui donna même des lettres du duc de Guise qu'il venait de recevoir. Pendant ce temps, l'envie qu'on eut à la cour d'y faire venir les chefs du parti huguenot, pour cet horrible dessein qu'on exécuta le jour de la Saint-Barthélemy, fit que le roi, pour les mieux tromper, éloigna de lui tous les princes de la maison de Bourbon et tous ceux de la maison de Guise. Le prince de Montpensier s'en retourna à Champigny pour achever d'accabler la princesse sa femme par sa présence. Le duc de Guise s'en alla à la campagne chez le cardinal de Lorraine, son oncle. L'amour et l'oisiveté mirent dans son esprit un si violent désir de voir la princesse de Montpensier, que, sans considérer ce qu'il hasardait pour elle et pour lui, il feignit un voyage et, laissant tout son train dans une petite ville, il prit avec lui ce seul gentilhomme qui avait déjà fait plusieurs voyages à Champigny et il s'y en alla en poste. Comme il n'avait point d'autre adresse que celle du comte de Chabanes, il lui fit écrire un billet par ce même gentilhomme par lequel ce gentilhomme le priait de le venir trouver en un lieu qu'il lui marquait. Le comte de Chabanes, croyant que c'était seulement pour recevoir des lettres du duc de Guise, l'alla trouver, mais il fut extrêmement surpris quand il vit le duc de Guise et il n'en fut pas moins affligé. Ce duc, occupé de son dessein, ne prit non plus garde à l'embarras du comte que la princesse de Montpensier avait fait à son silence lorsqu'elle lui avait conté son amour. Il se mit à lui exagérer sa passion et à lui faire comprendre qu'il mourrait infailliblement s'il ne lui faisait obtenir de la princesse la permission de la voir. Le comte de Chabanes lui répondit froidement qu'il dirait à cette princesse tout ce qu'il souhaitait qu'il lui dît et qu'il viendrait lui en rendre réponse. Il s'en retourna à Champigny, combattu de ses propres sentiments, mais avec une violence qui lui ôtait quelquefois toute sorte de connaissance. Souvent il prenait résolution de renvoyer le duc de Guise sans le dire à la princesse de Montpensier, mais la fidélité exacte qu'il lui avait promise changeait aussitôt sa résolution. Il arriva auprès d'elle sans savoir ce qu'il devait faire ; et, apprenant que le prince de Montpensier était à la chasse, il alla droit à l'appartement de la princesse qui, le voyant troublé, fit retirer aussitôt ses femmes pour savoir le sujet de ce trouble. Il lui dit, en se modérant le plus qu'il lui fut possible, que le duc de Guise était à une lieue de Champigny et qu'il souhaitait passionnément de la voir. La princesse fit un grand cri à cette nouvelle, et son embarras ne fut guère moindre que celui du comte. Son amour lui présenta d'abord la joie qu'elle aurait de voir un homme qu'elle aimait si tendrement. Mais, quand elle pensa combien cette action était contraire à sa vertu et qu'elle ne pouvait voir son amant qu'en le faisant entrer la nuit chez elle à l'insu de son mari, elle se trouva dans une extrémité épouvantable. Le comte de Chabanes attendait sa réponse comme une chose qui allait décider de sa vie ou de sa mort. Jugeant de l'incertitude de la princesse par son silence, il prit la parole pour lui représenter tous les périls où elle s'exposerait par cette entrevue. Et, voulant lui faire voir qu'il ne lui tenait pas ce discours pour ses intérêts, il lui dit :

— Si après tout ce que je viens de vous représenter, madame, votre passion est la plus forte et que vous désiriez voir le duc de Guise, que ma considération ne vous en empêche point, si celle de votre intérêt ne le fait pas. Je ne veux point priver d'une si grande satisfaction une personne que j'adore, ni être cause qu'elle cherche des personnes moins fidèles que moi pour se la procurer. Oui, madame, si vous le voulez, j'irai quérir le duc de Guise dès ce soir ; car il est trop périlleux de le laisser plus longtemps où il est, et je l'amènerai dans votre appartement.

— Mais par où et comment ? interrompit la princesse.

— Ah ! Madame, s'écria le comte, c'en est fait, puisque vous ne délibérez plus que sur les moyens. Il viendra, madame, ce bienheureux amant. Je l'amènerai par le parc ; donnez ordre seulement à celle de vos femmes à qui vous vous fiez le plus, qu'elle baisse, précisément à minuit, le petit pont-levis qui donne de votre antichambre dans le parterre, et ne vous inquiétez pas du reste.

En achevant ces paroles, il se leva ; et, sans attendre d'autre consentement de la princesse de Montpensier, il remonta à cheval et vint trouver le duc de Guise qui l'attendait avec une impatience extrême. La princesse de Montpensier demeura si troublée, qu'elle fut quelque temps sans revenir à elle. Son premier mouvement fut de faire rappeler le comte de Chabanes pour lui défendre d'amener le duc de Guise, mais elle n'en eut pas la force. Elle pensa que, sans le rappeler, elle n'avait qu'à ne point faire abaisser le pont. Elle crut qu'elle continuerait dans cette résolution. Quand l'heure de l'assignation approcha, elle ne put résister davantage à l'envie de voir un amant qu'elle croyait si digne d'elle, et elle instruisit une de ses femmes de tout ce qu'il fallait faire pour introduire le duc de Guise dans son appartement. Cependant, et ce duc, et le comte de Chabanes, approchaient de Champigny, mais dans un état bien différent. Le duc abandonnait son âme à la joie et à tout ce que l'espérance inspire de plus agréable, et le comte s'abandonnait à un désespoir et à une rage qui le poussèrent mille fois à donner de son épée au travers du corps de son rival. Enfin ils arrivèrent au parc de Champigny, où ils laissèrent leurs chevaux à l'écuyer du duc de Guise, et, passant par des brèches qui étaient aux murailles, ils vinrent dans le parterre. Le comte de Chabanes, au milieu de son désespoir, avait toujours quelque espérance que la raison reviendrait à la princesse de Montpensier et qu'elle prendrait enfin la résolution de ne point voir le duc de Guise. Quand il vit ce petit pont abaissé, ce fut alors qu'il ne put douter du contraire, et ce fut aussi alors qu'il fut tout prêt à se porter aux dernières extrémités. Mais, venant à penser que, s'il faisait du bruit, il serait ouï apparemment du prince de Montpensier, dont l'appartement donnait sur le même parterre, et que tout ce désordre tomberait ensuite sur la personne qu'il aimait le plus, sa rage se calma à l'heure même, et il acheva de conduire le duc de Guise aux pieds de sa princesse. Il ne put se résoudre à être témoin de leur conversation, quoique la princesse lui témoignât le souhaiter, et qu'il l'eût bien souhaité lui-même. Il se retira dans un petit passage qui était du côté de l'appartement du prince de Montpensier, ayant dans l'esprit les plus tristes pensées qui aient jamais occupé l'esprit d'un amant. Cependant, quelque peu de bruit qu'ils eussent fait en passant sur le pont, le prince de Montpensier qui, par malheur, était éveillé dans ce moment l'entendit et fit lever un de ses valets de chambre pour voir ce que c'était. Le valet de chambre mit la tête à la fenêtre et, au travers de l'obscurité de la nuit, il aperçut que le pont était abaissé. Il en avertit son maître qui lui commanda en même temps d'aller dans le parc voir ce que ce pouvait être. Un moment après, il se leva lui-même, étant inquiété de ce qu'il lui semblait avoir ouï marcher quelqu'un, et il s'en vint droit à l'appartement de la princesse, sa femme, qui répondait sur le pont. Dans le moment qu'il approchait de ce petit passage où était le comte de Chabanes, la princesse de Montpensier, qui avait quelque honte de se trouver seule avec le duc de Guise, pria plusieurs fois le comte d'entrer dans sa chambre. Il s'en excusa toujours et, comme elle l'en pressait davantage, possédé de rage et de fureur, il lui répondit si haut qu'il fut ouï du prince de Montpensier, mais si confusément que ce prince entendit seulement la voix d'un homme, sans distinguer celle du comte. Une pareille aventure eût donné de l'emportement à un esprit, et plus tranquille, et moins jaloux. Aussi mit-elle d'abord l'excès de la rage et de la fureur dans celui du prince. Il heurta aussitôt à la porte avec impétuosité et, criant pour se faire ouvrir, il donna la plus cruelle surprise du monde à la princesse, au duc de Guise et au comte de Chabanes. [Ce] dernier, entendant la voix du prince, comprit d'abord qu'il était impossible de l'empêcher de croire qu'il n'y eût quelqu'un dans la chambre de la princesse sa femme et, la grandeur de sa passion lui montrant en ce moment que, s'il y trouvait le duc de Guise, Madame de Montpensier aurait la douleur de le voir tuer à ses yeux et que la vie même de cette princesse ne serait pas en sûreté, il se résolut, par une générosité sans exemple, de s'exposer pour sauver une maîtresse ingrate et un rival aimé. Pendant que le prince de Montpensier donnait mille coups à la porte, il vint au duc de Guise, qui ne savait quelle résolution prendre, et il le mit entre les mains de cette femme de Madame de Montpensier qui l'avait fait entrer par le pont, pour le faire sortir par le même lieu, pendant qu'il s'exposerait à la fureur du prince. À peine le duc était hors l'antichambre que le prince, ayant enfoncé la porte du passage, entra dans la chambre comme un homme possédé de fureur et qui cherchait sur qui la faire éclater. Mais quand il ne vit que le comte de Chabanes, et qu'il le vit immobile, appuyé sur la table, avec un visage où la tristesse était peinte, il demeura immobile lui-même et la surprise de trouver, et seul, et la nuit, dans la chambre de sa femme l'homme du monde qu'il aimait le mieux, le mit hors d'état de pouvoir parler. La princesse était à demi évanouie sur des carreaux et jamais peut-être la fortune n'a mis trois personnes en des états si pitoyables. Enfin le prince de Montpensier, qui ne croyait pas voir ce qu'il voyait, et qui voulait démêler ce chaos où il venait de tomber, adressant la parole au comte d'un ton qui faisait voir qu'il avait encore de l'amitié pour lui :

— Que vois-je ? lui dit-il. Est-ce une illusion ou une vérité ? Est-il possible qu'un homme que j'ai aimé si chèrement choisisse ma femme entre toutes les autres femmes pour la séduire ? Et vous, madame, dit-il à la princesse en se tournant de son côté, n'était-ce point assez de m'ôter votre cœur et mon honneur, sans m'ôter le seul homme qui me pouvait consoler de ces malheurs ? Répondez-moi l'un ou l'autre, leur dit-il, et éclaircissez-moi d'une aventure que je ne puis croire telle qu'elle me paraît.

La princesse n'était pas capable de répondre et le comte de Chabanes ouvrit plusieurs fois la bouche sans pouvoir parler :

— Je suis criminel à votre égard, lui dit-il enfin, et indigne de l'amitié que vous avez eue pour moi, mais ce n'est pas la manière que vous pouvez vous l'imaginer. Je suis plus malheureux que vous et plus désespéré. Je ne saurais vous en dire davantage. Ma mort vous vengera et, si vous voulez me la donner tout à l'heure, vous me donnerez la seule chose qui peut m'être agréable.

Ces paroles, prononcées avec une douleur mortelle et avec un air qui marquait son innocence, au lieu d'éclaircir le prince de Montpensier, lui persuadaient de plus en plus qu'il y avait quelque mystère dans cette aventure qu'il ne pouvait deviner, et, son désespoir s'augmentant par cette incertitude :

— Otez-moi la vie vous-même, lui dit-il, ou donnez-moi l'éclaircissement de vos paroles ; je n'y comprends rien. Vous devez cet éclaircissement à mon amitié. Vous le devez à ma modération, car tout autre que moi aurait déjà vengé sur votre vie un affront si sensible.

— Les apparences sont bien fausses, interrompit le comte.

— Ah ! c'est trop, répliqua le prince ; il faut que je me venge et puis je m'éclaircirai à loisir.

En disant ces paroles, il s'approcha du comte de Chabanes avec l'action d'un homme emporté de rage. La princesse, craignant quelque malheur (ce qui ne pouvait pourtant pas arriver, son mari n'ayant point d'épée), se leva pour se mettre entre deux. La faiblesse où elle était la fit succomber à cet effort et, comme elle approchait de son mari, elle tomba évanouie à ses pieds. Le prince fut encore plus touché de cet évanouissement qu'il n'avait été de la tranquillité où il avait trouvé le comte lorsqu'il s'était approché de lui ; et, ne pouvant plus soutenir la vue de deux personnes qui lui donnaient des mouvements si tristes, il tourna la tête de l'autre côté et se laissa tomber sur le lit de sa femme, accablé d'une douleur incroyable. Le comte de Chabanes, pénétré de repentir d'avoir abusé d'une amitié dont il recevait tant de marques et ne trouvant pas qu'il pût jamais réparer ce qu'il venait de faire, sortit brusquement de la chambre et, passant par l'appartement du prince dont il trouva les portes ouvertes, il descendit dans la cour. Il se fit donner des chevaux et s'en alla dans la campagne, guidé par son seul désespoir. Cependant le prince de Montpensier, qui voyait que la princesse ne revenait point de son évanouissement, la laissa entre les mains de ses femmes et se retira dans sa chambre avec une douleur mortelle. Le duc de Guise, qui était sorti heureusement du parc, sans savoir quasi ce qu'il faisait tant il était troublé, s'éloigna de Champigny de quelques lieues, mais il ne put s'éloigner davantage sans savoir des nouvelles de la princesse. Il s'arrêta dans une forêt et envoya son écuyer pour apprendre du comte de Chabanes ce qui était arrivé de cette terrible aventure. L'écuyer ne trouva point le comte de Chabanes, mais il apprit d'autres personnes que la princesse de Montpensier était extraordinairement malade. L'inquiétude du duc de Guise fut augmentée par ce que lui dit son écuyer et, sans la pouvoir soulager, il fut contraint de s'en retourner trouver ses oncles pour ne pas donner de soupçon par un plus long voyage. L'écuyer du duc de Guise lui avait rapporté la vérité, en lui disant que Madame de Montpensier était extrêmement malade, car il était vrai que, sitôt que les femmes l'eurent mise dans son lit, la fièvre lui prit si violemment et avec des rêveries si horribles que, dès le second jour, l'on craignit pour sa vie. Le prince feignit d'être malade, afin qu'on ne s'étonnât de ce qu'il n'entrait pas dans la chambre de sa femme. L'ordre qu'il reçut de s'en retourner à la cour, où l'on rappelait tous les princes catholiques pour exterminer les huguenots, le tira de l'embarras où il était. Il s'en alla à Paris, ne sachant ce qu'il avait à espérer ou à craindre du mal de la princesse sa femme. Il n'y fut pas sitôt arrivé qu'on commença d'attaquer les huguenots en la personne d'un de leurs chefs, l'amiral de Châtillon et, deux joues après, l'on fit cet horrible massacre, si renommé par toute l'Europe. Le pauvre comte de Chabanes, qui s'était venu cacher dans l'extrémité de l'un des faubourgs de Paris pour s'abandonner entièrement à sa douleur, fut enveloppé dans la mine des huguenots. Les personnes chez qui il s'était retiré, l'ayant reconnu et s'étant souvenues qu'on l'avait soupçonné d'être de ce parti, le massacrèrent cette même nuit qui fut si funeste à tant de gens. Le matin, le prince de Montpensier, allant donner quelques ordres hors la ville, passa dans la rue où était le corps de Chabanes. Il fut d'abord saisi d'étonnement à ce pitoyable spectacle ; ensuite son amitié se réveillant, elle lui donna de la douleur, mais le souvenir de l'offense qu'il croyait avoir reçue du comte lui donna enfin de la joie, et il fut bien aise de se voir vengé par les mains de la fortune. Le duc de Guise, occupé du désir de venger la mort de son père et, peu après, rempli de la joie de l'avoir vengée, laissa peu à peu éloigner de son âme le soin d'apprendre des nouvelles de la princesse de Montpensier, et, trouvant la marquise de Noirmoutier, personne de beaucoup d'esprit et de beauté, et qui donnait plus d'espérance que cette princesse, il s'y attacha entièrement et l'aima avec une passion démesurée et qui lui dura jusques à la mort. Cependant, après que le mal de Madame de Montpensier fut venu au dernier point, il commença à diminuer. La raison lui revint et, se trouvant un peu soulagée par l'absence du

53

prince son mari, elle donna quelque espérance de sa vie. Sa santé revenait pourtant avec grande peine, par le mauvais état de son esprit ; et son esprit fut travaillé de nouveau, quand elle se souvint qu'elle n'avait eu aucune nouvelle du duc de Guise pendant toute sa maladie. Elle s'enquit de ses femmes si elles n'avaient vu personne, si elles n'avaient point de lettres, et, ne trouvant rien de ce qu'elle eût souhaité, elle se trouva la plus malheureuse du monde d'avoir tout hasardé pour un homme qui l'abandonnait. Ce lui fut encore un nouvel accablement d'apprendre la mort du comte de Chabanes, qu'elle sut bientôt par les soins du prince son mari. L'ingratitude du duc de Guise lui fit sentir plus vivement la perte d'un homme dont elle connaissait si bien la fidélité. Tant de déplaisirs si pressants la remirent bientôt dans un état aussi dangereux que celui dont elle était sortie. Et, comme Madame de Noirmoutier était une personne qui prenait autant de soin de faire éclater ses galanteries que les autres en prennent de les cacher, celles de Monsieur de Guise et d'elle étaient si publiques que, tout éloignée et toute malade qu'était la princesse de Montpensier, elle les apprit de tant de côtés qu'elle n'en put douter. Ce fut le coup mortel pour sa vie. Elle ne put résister à la douleur d'avoir perdu l'estime de son mari, le cœur de son amant et le plus parfait ami qui fut jamais. Elle mourut en peu de jours, dans la fleur de son âge, une des plus belles princesses du monde, et qui aurait été sans doute la plus heureuse, si la vertu et la prudence eussent conduit toutes ses actions.

NOTICE SUR LA VIE ET LES OUVRAGES DE MADAME DE LA FAYETTE

Par Antoine Jay (1770-1854),
homme de lettres, journaliste, historien
et homme politique français

Marie-Magdëlaine Pioche de La Vérone, comtesse de La Fayette, née en 1633, morte en 1693, était fille d'Aymar de La Vergne, maréchal de camp, gouverneur du Hâvre-de-Grâce, et de Marie de Péna, d'une ancienne famille de Provence. L'amour des lettres et la culture de l'esprit étaient héréditaires dans cette famille. Dès le treizième siècle, Hugues de Péna, auteur de quelques tragédies, et secrétaire du roi de Naples, Charles Ier, avait reçu *le laurier du poète* des mains de la reine Béatrix. Dans le seizième siècle, Jean de Péna se rendit illustre par de profondes connaissances dans les mathématiques, et les enseigna même avec distinction au Collège de France[1]. Il mourut jeune : le célèbre Ramus, qui avait été son

---

1. On doit à Jean de Péna une édition en grec et en latin des *Sphériques* de Théodose.

maître pour les belles-lettres, et son disciple pour les sciences exactes, lui a consacré dans ses ouvrages quelques souvenirs de reconnaissance. On me pardonnera de constater ainsi des titres de noblesse littéraire ; ceux-là du moins ne coûtent rien à la morale ; la faveur ne saurait les créer, ni la puissance des rois les anéantir.

Ce fut sans doute d'après ces traditions de famille que M. de La Vergne, très instruit lui-même, dirigea l'éducation de sa fille. Il se mit au-dessus du préjugé qui interdit aux femmes la connaissance des langues anciennes, comme si la lecture d'Homère, de Sophocle, de Virgile et de Tibulle était incompatible avec les grâces de l'esprit, les délicatesses du goût, et les élégances de la société. Ménage, célèbre par son érudition, le P. Rapin, auteur du charmant poème des *Jardins*, étaient liés d'amitié avec M. de La Vergne ; ils se chargèrent d'enseigner le latin à sa fille, dont les heureuses dispositions rendaient facile cette tâche quelquefois si pénible. Segrais raconte qu'au bout de trois mois de leçons elle indiqua le véritable sens d'un passage sur lequel les deux graves érudits n'étaient pas d'accord ; Ménage, avant le coup mortel que lui porta Molière dans les *Femmes Savantes*, était assez bien dans le monde. L'hôtel de Rambouillet servait de théâtre à ses prétentions ; il se prit même d'une belle passion pour Madame de Sévigné, qui reçut de lui des leçons d'italien, seule faveur qu'elle voulut bien lui accorder. Son plus grand mérite est d'avoir eu deux écolières telles que Madame de Sévigné et Madame de La Fayette ; son plus grand tort fut d'avoir Molière pour ennemi. Mademoiselle de La Vergne avait aussi inspiré la muse latine de Ménage ; mais ici son érudition lui tendit un piège qu'il ne sut pas éviter. Il s'avisa de traduire le nom de *La Vergne* par celui de *Laverna*, qui désignait, chez les Romains, la déesse des voleurs. Cette rencontre malheureuse lui valut une épigramme supérieure à ses madrigaux. Pour bien l'entendre, il faut se rappeler ces vers que Trissotin adresse à Vadius :

> Va, va restituer tous les nombreux larcins
> Que réclament sur toi les Grecs et les Latins !

> Lesbia nulla tibi est, nulla est tibi dicta Corinna,
> Carmine laudatur Cynthia nulla tuo.
> Sed cum doctorum compiles scrimia vatum,
> Nil mirum, si sit culta Laverna tibi.

Cette épigramme a été traduite en vers faibles, mais où le trait est assez bien conservé.

> Est-ce Corinne, est-ce Lesbie,
> Est-ce Philis, est-ce Cinthie,
> Dont le nom est par toi chanté ?
> Tu ne la nommes pas, écrivain plagiaire,
> Sur le Parnasse vrai corsaire,
> Laverne est ta divinité.

« Madame de La Fayette savait le latin, dit Segrais ; mais elle n'en faisait rien paraître ; c'était afin de ne pas attirer sur elle la jalousie des autres dames. » C'était sans doute aussi pour ménager l'amour-propre des hommes qui, en général, pardonnent difficilement une supériorité d'instruction dans les femmes. La prudence de Madame de La Fayette doit servir de modèle aux personnes de son sexe, dont l'esprit est enrichi de connaissances d'un ordre élevé. Ce sont des trésors qu'elles doivent garder pour elles-mêmes ; c'est le seul cas où l'avarice ne soit pas un défaut. Le temps viendra peut-être où des idées plus saines régneront dans la société, où les femmes pourront franchir impunément le cercle des occupations frivoles et renouveler l'antique alliance de Minerve avec les Grâces. Jusqu'à cette époque, celles qui peuvent lire dans la langue originale une ode d'Anacréon ou une élégie de Properce doivent cacher ces jouissances avec autant de pudeur que madame de La Fayette.

Mademoiselle de La Vergne était âgée de vingt-deux ans lorsqu'elle épousa en 1655, François, comte de La Fayette, frère de Mademoiselle de La Fayette, fille d'honneur d'Anne d'Autriche. Mademoiselle de La Fayette avait inspiré à Louis XIII les sentiments les plus tendres qu'il fut susceptible d'éprouver. Le P. Caussin, confesseur du roi, qui redoutait peu ses emportements amoureux, approuvait et dirigeait cette innocente passion dont il voulut se servir pour supplanter le cardinal de Richelieu. Celui-ci, encore plus rusé que le jésuite, s'aperçut aisément de ses manœuvres, exigea son renvoi, et sépara le roi de sa maîtresse. Mademoiselle de La Fayette prit le voile dans un couvent de Chaillot. Son mérite et ses vertus lui acquirent une considération qui rejaillit sur sa famille.

Ce fut donc avec tous les avantages de la naissance, des grâces extérieures et de l'esprit, que Madame de La Fayette entra dans la société. Cette société différait beaucoup de celle que nous voyons aujourd'hui ; les rangs n'étaient pas confondus ; on aimait les richesses, non comme but d'ambition, mais comme moyen de jouissance. L'humble bourgeoisie connaissait bien sa position ; les anoblissements ne faisaient que des plébéiens privilégiés et non des gentilshommes : le haut clergé lui-même appartenait à la noblesse de race, et quelques rares exceptions ne font que constater la règle. Ainsi, une séparation complète existait entre le corps de la nation et l'aristocratie. Rien alors de plus ridicule qu'un citadin affectant des airs nobles ; c'est ce qui fit la fortune du *Bourgeois gentilhomme* ; ce n'est qu'à la fin du dernier siècle qu'on eût pu trouver le modèle du gentilhomme bourgeois.

Molière, en 1655, n'avait pas encore composé ses *Précieuses ridicules*, et ce qu'on nommait le bel-esprit avait envahi la société ; il semblait qu'on voulût opposer une langue privilégiée à une langue roturière. La conversation perdit l'aisance qui en fait le charme ; il ne fut plus permis d'exprimer simplement sa pensée ; il fallut chercher des tournures nouvelles et d'ambitieuses périphrases. Les sentiments les plus naturels tombèrent dans l'exagération du langage, et la littérature même fut attaquée de cette épidémie. Les écrivains, voyant que la galanterie était à la mode, voulurent faire les galants en prose et en vers ; de là cette inondation de ballades, de madrigaux et de sonnets qui occupaient la cour ; la ville n'avait pas encore d'opinion ; on cabalait contre un sonnet comme on avait cabalé contre le cardinal Mazarin. De là encore ces romans interminables, dont les personnages sont toujours prêts à disserter sur la métaphysique de l'amour, et où tout est de convention, les mœurs, les caractères et les sentiments. Comment expliquer aujourd'hui la vogue d'ouvrages tels que *l'Illustre Bassa, Clélie, Pharamond* et *Cléopâtre* ? Citera-t-on les vingt éditions du *Renégat* et du *Solitaire* ; mais ces romans sont des chefs-d'œuvre de raison et de goût, si on les compare à ceux de Scudéry et de La Calprenède. D'ailleurs le *Solitaire* et le *Renégat* n'amusent ou n'intéressent qu'une classe inférieure de lecteurs, tandis que les grands coups d'épée de Pharamond et d'Artaban plaisaient à Madame de Sévigné.

Il faut qu'il y ait quelque chose de séduisant même dans les extravagances de l'imagination.

Madame de La Fayette lisait sans doute aussi ces productions, qui ne sont considérées aujourd'hui que comme les monuments d'un goût dépravé ; elle vivait aussi dans ces sociétés précieuses, d'où le naturel des pensées et la vérité d'expression étaient soigneusement bannies ; elle échappa cependant à la contagion ; et peut-être faut-il attribuer ce rare bonheur au commerce qu'elle entretenait avec les grands écrivains de l'Antiquité. Rien en effet de plus opposé à l'affectation moderne que la manière antique ; ce n'était point une nature idéale qui était l'objet de l'imitation de ces écrivains ; ils retraçaient ce qu'ils avaient vu, ils exprimaient ce qu'ils avaient senti ; leur morale était dominée par la plus noble des affections humaines, l'amour de la patrie ; ils étaient vrais en tout ; et la vérité est la source de toute grandeur. Ne cherchons point ailleurs le secret de leur génie et le prodige de leur immortalité.

Madame de La Fayette ne retint de la littérature fantasque des Balzac, des Voiture et des Scudéry, que le goût des maximes et celui des portraits ; mais elle ne puisa ses maximes que dans l'étude du cœur humain, et ses portraits furent toujours dessinés d'après nature ; on peut en juger par celui de Madame de Sévigné, son amie, dont les traits et le coloris sont également frappants de vérité.

Quelques années après le mariage de Madame de La Fayette, lorsque l'hôtel Rambouillet était dans toute sa splendeur, et que les beaux-esprits de la *Place Royale* avaient acquis la plus haute renommée, Molière traduisit sur la scène ce langage bizarre connu sous le nom de jargon de ruelles et livra les précieux et les précieuses à la risée publique. Le châtiment était sévère, mais il était mérité. Le succès que Molière obtint à la cour décida la révolution ; les puissances de l'hôtel Rambouillet et du Marais perdirent leur crédit ; le mauvais goût fut détrôné ; on revint de toutes parts à la raison et à la vérité. Nous verrons bientôt quel caractère la situation morale de la société imprima à la littérature.

Madame de La Fayette devint célèbre comme Madame de Sévigné, sans aspirer à la célébrité. Ses deux principaux ouvrages, ceux qui font le plus d'honneur à son esprit et à son talent, parurent sous le nom du poète Segrais. Cette indifférence pour la renommée littéraire peut nous étonner aujourd'hui, mais elle était conforme aux mœurs du temps où vivait Madame de La Fayette. On trouvait encore quelque chose de servile dans la profession des lettres. Ce préjugé, que le cardinal de Richelieu avait voulu détruire par la création de l'Académie française, s'était affaibli ; mais il n'était pas éteint, surtout à l'égard des femmes distinguées par le rang et la naissance. On leur permettait d'aimer les beaux-arts, de protéger ceux qui les cultivaient, de juger les ouvrages nouveaux ; on leur permettait même la composition, mais comme une espèce de bonne fortune dont la confidence devait être dérobée au public ; les titres de femme auteur et de femme de qualité paraissaient incompatibles. Les La Suze, les Deshoulières, les Scudéry perdaient en considération dans le monde ce qu'elles gagnaient par leurs écrits en célébrité.

La société, en prenant cette expression dans le sens le plus étendu, n'exerçait aucune influence sur les lettres et les arts. C'était la partie la plus élevée et la moins nombreuse de la nation ; c'était la cour de Louis XIV, à son époque brillante, dont la littérature représentait le goût, les mœurs et les opinions. Ce goût tendait au perfectionnement ; ces mœurs, sans être pures, conservaient de la dignité ; ces opinions étaient contenues dans des bornes étroites par l'autorité religieuse ; on raisonnait sur la religion et non contre la religion. Sous un gouvernement devenu absolu, sans être encore précisément tyrannique[1], l'ordre, la règle, le respect des bienséances, servaient de barrière aux mouvements excentriques des passions et à l'impétuosité des imaginations exaltées. De cette contrainte générale devait naître l'hypocrisie ; les tartuffes naissent en foule sur les sociétés, régulières en apparence, et où il n'y a de réalité que la corruption.

La littérature reçut, comme la haute société, l'empreinte de l'ordre et le joug de la règle ; et ce qu'on nous présente comme l'imitation de l'Antiquité ne fut que le résultat nécessaire des circonstances. Les classes élevées, sortant d'une longue et pénible agitation, cherchaient le repos dans la soumission aux lois établies ; la littérature, emportée depuis la trivialité la plus vulgaire jusques aux dernières limites de

1. La révocation de l'édit de Nantes fut une des calamités de la vieillesse de Louis XIV ; il fallut le tromper et faire intervenir la religion pour obtenir de sa caducité cet acte solennel de tyrannie.

l'extravagance, demandait aussi des lois à la raison et au goût. Le génie qui les dicta en reconnut lui-même l'empire, et la France vit briller ses plus beaux jours de gloire littéraire. Les grands écrivains de cette époque sont ceux qui indiquèrent au talent la route qu'il devait suivre, moins par leurs préceptes que par leur exemple. Ce n'est pas l'imitation des anciens qu'ils demandaient, mais l'étude de leurs ouvrages. En proscrivant la licence, ils garantissaient la liberté ; ils savaient qu'il n'y a point de chef-d'œuvre, dans quelque art que ce soit, sans ordre et sans proportions. Que ces doctrines soient empruntées à l'Antiquité, qu'importe, pourvu qu'elles soient conformes à la raison de tous les temps. Faut-il répudier les lois de la morale, parce qu'elles ont été trouvées dans le berceau des nations ?

Les fictions romanesques, qui sont regardées, peut-être à tort, comme un genre secondaire en littérature, n'avaient encore produit que de fausses imitations des mœurs, que des caractères sans type réel, que des peintures infidèles des passions. On avait pris la vaine pompe des mots pour la noblesse de l'expression, la subtilité pour la finesse, et l'exagération pour la vérité. « Avant Madame de La Fayette, dit Voltaire, on écrivait d'un style ampoulé des choses peu vraisemblables. Sa *Princesse de Clèves* et sa *Zayde* furent les premiers romans où l'on vit les mœurs des honnêtes gens, et des aventures naturelles décrites avec grâce. » Cet éloge est parfait dans sa simplicité. Nous devons à Madame de La Fayette la réformation d'un genre dont les productions sont une partie de nos richesses littéraires. Il faut plus que du talent pour arriver, sans modèles, à cette exactitude d'observation, à cette connaissance intime du

63

cœur, à cette félicité d'expression qui classent les ouvrages de ce genre dans les littératures modernes, et leur assurent une longue durée. Sous ce point de vue, Madame de La Fayette n'a peut-être point été suffisamment appréciée. C'est là ce qui la met hors de ligne parmi les femmes qui se sont exercées dans le même genre, et qui ont obtenu, à leur tour, de légitimes succès ; elles ne sauraient prétendre à la gloire de l'invention.

L'apparition de *Zayde* fit un effet merveilleux dans le monde, c'est-à-dire dans la haute société. On ne revient au naturel que par un effort de raison ; mais le premier exemple entraîne tout. *Zayde* était le tableau de la société, vue de son côté le plus favorable. On y reconnaît cependant au fond l'esprit de l'hôtel Rambouillet ; on y discute s'il est à propos de bien connaître une femme avant de se passionner pour elle ; si la connaissance de sa beauté suffit, ce qui assure le plaisir des découvertes ; ou enfin si le comble du bonheur n'est pas d'enlever une maîtresse charmante à un rival préféré. Voilà bien ces théories recherchées de l'amour sur lesquelles le cardinal de Richelieu faisait soutenir des thèses en forme chez sa nièce, la duchesse d'Aiguillon, et qui exercèrent depuis la subtilité des cercles de Julie d'Angennes, duchesse de Montausier. Mais c'est le seul tribut que Madame de La Fayette ait payé au goût dominant de l'époque où elle fit son entrée dans la société, le seul vestige des premières impressions qu'elle dut y recevoir. Dans le roman de *Zayde*, les événements n'ont rien d'invraisemblable, le langage n'a rien d'affecté ; c'est la conversation de personnes d'une éducation et d'un rang distingués qui expriment avec élégance des pensées ingénieuses et des sentiments délicats.

On a surtout remarqué la situation de Consalve et de Zayde, « s'aimant tous les deux dans un désert, ignorant la langue l'un de l'autre, et craignant de s'être vus trop tard. Les incidents que cette passion fait naître sont une peinture heureuse et vraie des mouvements de la passion[1]. »

« Rien ne fait plus d'honneur à Madame de La Fayette, dit aussi d'Alembert, ou plutôt à la sensibilité de son âme, que cet endroit admirable dans le roman de Zayde, où les deux amants, qui sont forcés de se séparer pour quelques mois, et qui en se séparant ne savaient pas la langue l'un de l'autre, l'apprennent chacun de leur côté, durant cette absence, et se parlent, chacun en se revoyant, la langue qui n'était pas la leur. Il n'y a peut-être dans les anciens, qu'on aime tant à préférer aux modernes, aucun trait d'un sentiment aussi délicat et d'un intérêt aussi tendre. L'écrivain qui a imaginé cette situation si neuve et si touchante, et qui n'a pu la trouver que dans son cœur, a montré qu'il savait aimer ; et ceux qui le sauront comme lui sentiront, en lisant dans Zayde la scène charmante que nous rappelons ici, combien cette expression simple et vraie d'un sentiment doux et profond, est préférable à la nature factice ou exagérée de tant de romans modernes. »

On n'aurait pas hasardé, à l'époque où écrivait Madame de La Fayette, de peindre l'amour avec ses flammes dévorantes, la violence de ses désirs, et la fureur de ses emportements. En vain eût-on prodigué les mots de vertu, de sentiment, de nature, pour colorer la séduction de ces tableaux passionnés ; la

1. La Harpe.

morale les eût repoussés comme dangereux. C'est qu'alors il y avait véritablement de la religion ; et quoique les formes eussent beaucoup trop d'importance, elles n'en servaient pas moins de frein à l'imagination des auteurs. La tendance du christianisme est de contenir les passions, et, par une conséquence nécessaire, d'en régler l'expression. Cette vérité se fait sentir, dans la grande littérature du dix-septième siècle. Partout où l'amour domine dans les bons ouvrages de cette époque, il se montre avec pudeur, et ne perd jamais le charme de la retenue. Rousseau n'eût pas alors écrit sa *Nouvelle Héloïse*, ni madame Cottin *Amélie de Mansfield* ; *Corinne et Delphine* eussent manqué de modèles, et le génie de Madame de Staël aurait subi, comme celui de Racine et de Fénelon, le joug des mœurs et de l'opinion.

La Princesse de Clèves est l'ouvrage le plus parfait de Madame de La Fayette ; c'est encore un reflet des lumières et de la morale du temps. On remarque, dans cette production, le premier exemple d'une lutte établie entre l'amour et le devoir ; mais ici le devoir triomphe, et c'est la religion qui sert de sauvegarde à la vertu. On peut regretter que la princesse, devenue libre par la mort de son époux, se refuse obstinément au bonheur du duc de Nemours ; mais sa résolution est fondée sur une délicatesse si exquise et des principes si purs, qu'une conduite plus vulgaire paraîtrait une espèce de profanation. Depuis Madame de La Fayette, beaucoup d'écrivains ont aussi mis aux prises l'amour avec le devoir, et la passion a presque toujours été plus forte que la vertu ; les idées avaient changé, et la vertu même ne faisait plus d'hypocrites. C'est, il faut l'avouer, l'inconvénient d'une philosophie trop matérielle.

Le tableau de la cour de Henri II n'est dans le fait que celui de la cour de Louis XIV avant qu'il eût abdiqué sa raison, aux pieds de sa vieille maîtresse et de son jeune confesseur. « Ce prince bien fait, galant, amoureux, passionné pour Diane de Poitiers, qui réussissait admirablement dans tous les exercices du corps, qui s'occupait tous les jours de partie de chasse ou de paume, de balles, de courses de bague », n'est autre que Louis XIV dans tout l'éclat de sa jeunesse et de ses fêtes, dans ses passions splendides pour la douce La Vallière et la superbe Montespan. On y retrouve jusqu'aux intrigues de la chambre de la reine, jusqu'aux cabales des courtisans et au commérage des filles d'honneur. La princesse de Clèves, inaccessible aux séductions de l'amour et de la puissance, est le seul personnage qui manque à cette cour, où la corruption se voilait de décence, où l'on pensait qu'en morale comme en religion les formes font tout pardonner, et que le scandale seul n'admet point d'excuse.

Dans le roman de Madame de La Fayette, les mœurs locales ont beaucoup de vérité ; l'orgueil de la noblesse, l'indifférence pour les classes inférieures, l'attachement à l'honneur chevaleresque, qui n'était pas toujours le véritable honneur, les idées superstitieuses, la croyance aux rêveries astrologiques, y sont retracés avec fidélité ; et il ne faut pas en être surpris, ces mœurs, ces opinions étaient restées les mêmes, et l'auteur, pour être exact, n'avait qu'à peindre ce qu'il avait sous les yeux ; c'est pourtant un mérite dont il faut lui savoir gré, dans un temps où les ouvrages du même genre n'offraient qu'un monde idéal et des tableaux de fantaisie sans correction de dessin et sans vérité de couleur.

Le succès de *La Princesse de Clèves* surpassa même celui de *Zayde*. Ce succès éveilla l'envie ; l'ouvrage fut beaucoup critiqué et beaucoup lu ; et, comme il arrive en pareille occurence, le livre reste et les critiques sont oubliées. J'ai rapporté l'opinion de d'Alembert sur *Zayde*, et c'est à Fontenelle que j'emprunterai un jugement sur *La Princesse de Clèves*. Voilà deux grands géomètres passionnés pour Madame de La Fayette ; il fallait une séduction peu commune pour fondre ainsi les glaces de la géométrie. Fontenelle et d'Alembert avaient plus de finesse dans l'esprit que de sensibilité dans le cœur ; leurs éloges ne sont pas suspects.

« Sans prétendre, dit Fontenelle, ravaler le mérite qu'il y a à bien nouer une intrigue, et à disposer les événements, de sorte qu'il en résulte certains effets surprenants, je vous avoue que je suis beaucoup plus touché de voir régner dans un roman une certaine science du cœur, telle qu'elle est, par exemple, dans *La Princesse de Clèves*. Le merveilleux des incidents me frappe une fois, puis me rebute ; au lieu que les peintures fidèles de la nature, et surtout celles de certains mouvements du cœur, presque imperceptibles à cause de leur petitesse, ont un droit de plaire qu'elles ne perdent jamais. On ne sent dans les aventures que l'effort de l'imagination de l'auteur ; mais dans les chocs de passion, ce n'est que la nature seule qui se fait sentir, quoiqu'il en ait coûté à l'auteur un effort d'esprit que je crois plus grand. »

Cette science du cœur dont parle Fontenelle, nul écrivain ne l'a possédée à un plus haut degré que Madame de La Fayette, et ne l'a revêtue d'une expression plus simple et plus vraie. Si l'on se rappelle qu'à l'époque où ses productions furent publiées, la langue n'avait pas encore été assouplie et perfectionnée par le génie des grands écrivains de ce siècle, on sera étonné des ressources qu'elle offrit au talent de cette femme illustre. On y trouve l'élégance dans les tournures, la noblesse sans enflure dans l'expression ; et ses périodes se développent avec une heureuse facilité. Les conversations y sont fréquentes ; les personnages n'y cherchent point de traits brillants ; mais les pensées sont justes, les sentiments naturels, et la raison y surprend quelquefois comme une sorte de finesse. Le goût moderne exigerait peut-être plus de rapidité et d'éclat ; mais les bons esprits ne demanderont à Madame de La Fayette ni la conception profonde, ni l'expression pittoresque de Madame de Staël ; il y aurait autant de folie dans cette prétention qu'à exiger de Bossuet la pensée analytique et la phrase incisive de Montesquieu.

Boursault fit une tragédie de *La Princesse de Clèves*, qui fut sifflée sous ce titre et applaudie sous celui de *Germanicus*. Je me serais dispensé de rapporter ce fait assez commun d'une tragédie sifflée, applaudie et oubliée, si une anecdote curieuse ne s'y rattachait. C'est l'auteur tragique lui-même qui l'a conservée. « Cette tragédie, dit-il, mit mal ensemble les deux premiers hommes de notre temps pour la poésie. Je parle du célèbre M. de Corneille et de l'illustre M. Racine. M. de Corneille parla si avantageusement de cet ouvrage à l'Académie, qu'il lui échappa de dire qu'il ne lui manquait que le nom de M. Racine pour être achevé ; dont M. Racine s'étant offensé, ils en vinrent à des paroles piquantes ; et depuis ce temps-là, ils ont vécu, non pas sans estime l'un pour l'autre, cela était impossible, mais sans amitié. »

On est fâché que deux hommes de cette trempe aient vécu sans amitié l'un pour l'autre. Corneille se trompait probablement de bonne foi, car il était trop grand pour connaître l'envie qui se sépare rarement de la médiocrité ; celui qui préférait Lucain à Virgile pouvait méconnaître jusqu'à un certain point le génie sans faste de Racine. N'oublions pas qu'après la mort de Corneille, Racine s'est vengé d'une comparaison qui lui parut injurieuse, par l'hommage le plus éclatant que la mémoire de l'auteur du *Cid* pût recevoir, et par un éloge de son génie, dont tous les panégyriques de Corneille n'ont été que le commentaire.

De tous les grands hommes du siècle de Louis XIV, Racine était peut-être le seul qui pût rendre une justice complète à Madame de La Fayette sous le rapport de la délicatesse des sentiments, du mouvement intérieur des passions, des luttes secrètes entre le penchant et le devoir, et de la pudeur de l'expression. Le peintre de *Monime* et d'*Iphigénie* devait sentir mieux que personne le mérite de *La Princesse de Clèves*.

La Princesse de Montpensier et *La Comtesse de Tende* sont deux nouvelles où le talent de Madame de La Fayette se fait aisément reconnaître. C'est encore l'amour avec toutes ses faiblesses ; les deux héroïnes succombent ; mais l'auteur ne cherche point à excuser leur chute ; et la violence des remords est le seul moyen d'intérêt qu'il ait trouvé dans ses principes de morale et dans son imagination. On a remarqué cette situation de la comtesse de Tende, infidèle à son époux, et osant lui révéler un secret qui doit la perdre. Madame de La Fayette répondait ainsi aux critiques qui lui reprochaient de n'avoir pu sauver la vertu de la princesse de Clèves, qu'en lui faisant choisir son époux pour confident d'une passion adultère. Si la comtesse de Tende avait eu la même force d'âme, elle fût restée fidèle à ses devoirs. Les écrivains de cette époque ne concevaient pas qu'une composition sans but moral pût être digne d'estime ; cette découverte nous était réservée.

Nous devons encore à Madame de La Fayette deux ouvrages historiques assez importants. Le premier intitulé *Mémoires de la cour de France*, contient le récit des événements qui se sont passés pendant les années 1688 et 1689. Louis XIV commençait alors à porter péniblement le fardeau du pouvoir absolu ; l'Europe protestante et l'Europe catholique se réunissaient contre l'orgueil de ses ministres et ses propres idées de prééminence ; la révocation de l'édit de Nantes plongeait dans le deuil plusieurs de ses provinces ; les autres gémissaient sous le poids des impôts ; une femme sans capacité, un prêtre sans religion, enchaînaient sa conscience, et le montraient en spectacle aux nations comme un prince du Bas-Empire. Pendant qu'il s'occupait des misérables querelles du jansénisme, et qu'il dépeuplait son royaume par la persécution, Guillaume, prince d'Orange, lui enlevait l'Angleterre, et faisait descendre du trône la maison de Stuart, vendue à sa politique. Il est curieux de voir, dans l'ouvrage de Madame de La Fayette, de quelle manière les contemporains jugèrent de telles révolutions. C'est elle qui nous a conservé le mot caractéristique de Le Tellier, archevêque de Reims, qui, voyant sortir Jacques II de la messe, dit avec un ton d'ironie : « Voilà un fort bon homme ; il a quitté trois royaumes pour une messe. » Belle réflexion, ajoute Madame de La Fayette, dans la bouche d'un archevêque !

L'Histoire de madame Henriette d'Angleterre, première femme de Philippe de France, duc d'Orléans, est le second ouvrage historique de Madame de La Fayette. Il est d'autant plus précieux qu'il a été écrit, selon le témoignage même de l'auteur, sous la dictée de la princesse. Il fait bien connaître l'intérieur de la cour de Louis XIV, les intrigues et les faiblesses des filles d'honneur, les galanteries des courtisans, les petitesses des grands seigneurs, et le despotisme civilisé du monarque. La lecture des derniers moments de madame Henriette est d'un grand intérêt ; tout porte à croire qu'elle mourut par le poison ; elle en était elle-même persuadée, et l'on voit que Madame de La Fayette penche vers cette opinion. Elle ne quitta pas un instant l'a princesse pendant sa cruelle agonie, et conserva religieusement le souvenir de son amitié.

Si le caractère des écrivains se peignait toujours dans leurs ouvrages, je pourrais me dispenser de chercher à connaître celui de Madame de La Fayette. On se la représenterait facilement comme une femme d'un esprit gracieux, d'un cœur tendre et d'une âme élevée. Mais en général les productions littéraires représentent plutôt les opinions que les sentiments de leurs auteurs. Heureusement, nous avons des témoignages contemporains propres à fixer notre jugement sur Madame de La Fayette. Le premier trait de son caractère était la sincérité ; c'est d'elle que M. de La Rochefoucault disait : « Elle est vraie. » Cette expression, alors nouvelle, passa dans le langage ; mais l'application en est devenue si rare, qu'elle nous surprend aujourd'hui, comme une tournure vieillie d'Amyot ou de Montaigne. Segrais nous apprend que Madame de La Fayette n'eut jamais la faiblesse de cacher son âge ; un pareil témoignage est vraiment nécessaire pour croire à un tel excès de sincérité.

Madame de La Fayette pensait sans doute que ses amies n'avaient pas plus de susceptibilité qu'elle-même sur un point aussi délicat ; elle écrivait à Madame de Sévigné, retirée en Bretagne : « Il ne faut point que vous passiez l'hiver dans cette province, à quelque prix que ce soit ; vous êtes vieille ; les *Rochers*[1] sont pleins de bois ; les catharres et les fluxions vous accableront ; vous vous ennuierez ; votre esprit deviendra triste et baissera ; tout cela est sûr ; et les choses du monde ne sont rien en comparaison de ce que je vous dis. »

Madame de Sévigné, qui avait alors soixante-trois ans, fut surprise de cette révélation comme d'un coup de foudre. Elle écrivit à Madame de Grignan : « Vous avez donc été frappée du mot de Madame de La Fayette mêlé avec tant d'amitiés. Quoique je me dise qu'il ne faut point oublier cette vérité, j'avoue que j'en ai été tout étonnée ; car je ne me sens encore aucune décadence qui m'en fasse souvenir. »

Une preuve manifeste de l'excellent caractère de Madame de Sévigné, c'est que ce mot si dur, si cruel à entendre : « vous êtes vieille, » ne causa pas le moindre refroidissement entre les deux amies ; et je me plais à remarquer ce phénomène moral qui lui fait tant d'honneur. « C'est une femme aimable, disait Madame de Sévigné, en parlant à sa fille de Madame de La Fayette, et que vous aimez, dès que vous avez le temps d'être avec elle et de faire usage de son esprit et de sa raison ; plus on la connaît, plus

1. Maison de Madame de Sévigné.

on s'y attache. » C'est ce qui arriva au duc de La Rochefoucault, l'auteur des *Maximes* ; ses premières liaisons avec Madame de La Fayette devinrent une amitié inaltérable, et ce qui est digne de remarque, cette amitié ne fut jamais calomniée de leur vivant. M. Auger, dans sa notice sur Madame de La Fayette, assure que ces liaisons durèrent vingt-cinq ans ; M. Grouvelle, éditeur des *Œuvres de Madame de Sévigné*, observe à ce sujet qu'une date si positive a un inconvénient, c'est que le duc de La Rochefoucault étant mort en 1680, sa liaison avec Madame de La Fayette, suivant ce calcul, se trouverait de la même époque que le mariage de cette dame en 1655, « ce qui, ajoute-t-il, contrarierait un peu l'idée qu'on se fait de la délicatesse de Madame de La Fayette ». Ce que je trouve de surprenant dans cette observation, c'est l'excès de délicatesse de M. Grouvelle. À l'époque de son mariage, Madame de La Fayette était âgée de vingt-deux ans ; le cardinal de Retz, qui s'y connaissait, nous dit qu'elle était fort jolie et fort aimable ; mais cela ne suffit pas pour autoriser les soupçons de M. Grouvelle ; l'amabilité et la beauté s'accordent très bien avec la vertu ; on sait d'ailleurs qu'à la même époque le duc de La Rochefoucault était en commerce de galanterie et d'intrigue avec la duchesse de Châtillon, dont il était forcé de ménager l'humeur violente et le caractère impérieux. C'est peut-être même à l'occasion de la rupture de cette liaison d'intérêt et d'amour, que Madame de La Fayette disait, en parlant du duc de La Rochefoucault : « Il m'a donné de l'esprit ; mais j'ai réformé son cœur. »

M. Grouvelle, admirateur passionné de Madame de Sévigné et de toute sa famille, ce que je trouve tout simple dans un éditeur, me paraît avoir eu des préventions très injustes sur le compte de Madame de La Fayette ; on en jugera par le trait suivant : « Le cardinal de Retz, dit-il, fait un portrait peu avantageux de Madame de La Vergne, en racontant comment, pour lui complaire, elle se chargea de lui faciliter quelques entretiens avec une jeune beauté, qui depuis se fit, sous le nom de la comtesse d'Olonne, un renom très scandaleux. Il est vrai qu'alors elle passait pour sage, et que le prélat hypocrite couvrait ses vues des prétextes les plus édifiants ; mais il était si bien connu, et surtout de cette dame, qu'il était difficile qu'elle y crût de bonne foi. Les *Mémoires de Retz* nous apprennent aussi que Madame d'Olonne était alors l'intime amie de Mademoiselle de La Vergne. Ainsi, lorsque Madame de La Fayette peignit avec tant de charmes des passions vertueuses et des amours purs, ce n'est pas dans les mœurs du temps, ni même de sa société, qu'elle en trouva les modèles ; elle ne puisait que dans son cœur, ou du moins dans son imagination. »

Ce récit, où l'on ne trouve que l'apparence de la candeur, pourrait donner naissance à d'étranges conjectures. Je voudrais bien savoir sur quelle autorité M. Grouvelle se fonde pour assurer si positivement que la comtesse d'Olonne, avant son mariage, passait seulement pour être sage ; ce qui signifie, ou à peu près, qu'elle ne l'était pas. Serait-ce d'après le témoignage du cardinal de Retz ? Mais ce prélat, si glorieux de ses bonnes fortunes, et si enclin à s'en faire un trophée, avoue qu'il échoua dans cette entreprise amoureuse ; il voulut aussi tenter la sagesse de Mademoiselle de La Vergne, et il ne cacha pas qu'il en fut dédaigné. Le fait est que la comtesse d'Olonne ne se fit de renom scandaleux qu'après son mariage avec un homme stupide et brutal, qui paraissait à Bussi-Rabutin tout à fait digne de sa destinée. L'éducation de la comtesse d'Olonne avait été soignée, sa jeunesse fut sans reproches ; elle était liée, non seulement avec Mademoiselle de La Vergne, mais avec d'autres personnes très vertueuses ; et peut-être, si le sort lui eût donné un autre époux, se fût-elle sauvée des dérèglements qui ont flétri sa mémoire.

Comment M. Grouvelle a-t-il su que le cardinal de Retz était bien connu de Madame de La Vergne ? Il dit lui-même que ce prélat couvrait ses vues de prétextes édifiants. Qui lui a révélé que Madame de La Vergne n'avait pas été dupe de ce tartuffe titré ? Ne voit-on pas tous les jours les passions les plus honteuses se couvrir avec succès du manteau de la religion ? Combien de gens, très éclairés d'ailleurs, tombent dans tous les pièges que l'hypocrisie tend à leur crédulité ? Que d'exemples récents je pourrais en rapporter, si je ne craignais l'éloquence convulsive de quelque procureur général ! Mais les tartuffes exercent aujourd'hui une influence irrésistible, il ne faut pas en parler légèrement. Je suis toujours surpris qu'un écrivain de notre époque juge les sociétés et les personnages d'un autre siècle, comme s'il avait fait partie de ces mêmes sociétés, et qu'il eût vécu familièrement avec ces personnages. Cette observation ne s'adresse pas seulement à M. Grouvelle, qui s'est dédommagé sur Madame de La Fayette de l'excès de son admiration du caractère de Madame de Sévigné ; je veux aussi parler de La Beaumelle, qui s'exprime ainsi dans les *Mémoires de Madame de Maintenon* : « Madame de La Fayette n'avait point ce liant qui rend aimable et solide le commerce d'une femme. Elle était trop impatiente ; tantôt caressante, tantôt impérieuse, souvent de mauvaise humeur ; avec cela elle exigeait des respects infinis, auxquels elle répondait quelquefois par des hauteurs… Elle fit payer cher à madame Scarron la gloire d'avoir été plus aimable et plus estimée qu'elle. »

Je demande s'il y a rien de plus ridicule que ce ton d'assurance et ces détails si précis, qui feraient supposer que La Beaumelle a été admis dans l'intimité de Madame de La Fayette, qu'il a été à portée d'observer les nuances de son caractère, les variations de son humeur ; de savoir enfin par lui-même si elle n'avait pas, pour me servir de ses expressions, « ce liant qui rend aimable et solide le commerce d'une femme ». « Telle était, dit judicieusement M. Auger, la méthode de cet écrivain, mêlant à quelques vérités, sues de tout le monde, beaucoup de faussetés qu'il inventait, il a donné le premier modèle de ces écrits scandaleux, connus sous le nom de vies privées, dont les auteurs obscurs ont défiguré tous les personnages célèbres pour gagner quelque argent, tromper les étrangers et amuser les antichambres. »

La Beaumelle, qui écrivait les *Mémoires de Madame de Maintenon*, comme on a écrit depuis tant d'autres mémoires tombés dans le mépris ou dans l'oubli, sacrifiait volontiers à son héroïne tous les écrivains qui ne se prosternaient pas devant elle ! Il ne pouvait pardonner à Madame de La Fayette, qui reconnut, comme toute la cour, Madame de Maintenon dans le personnage d'Esther, d'avoir remarqué cette différence : « Qu'Esther était un peu plus jeune et moins précieuse en fait de piété[1]. » Il savait aussi

1. *Mémoires de la cour de France.*

que Madame de Maintenon n'avait pu conserver, dans ses nouvelles grandeurs, l'amitié de Madame de La Fayette. « Elle en mettait, dit-elle, la continuation à trop haut prix ; je lui ai montré du moins que j'étais aussi vraie et aussi ferme qu'elle. » Beaucoup de raisons devaient éloigner Madame de La Fayette de la fondatrice de Saint-Cyr. C'était l'époque où l'hypocrisie religieuse dominait à la cour, et prêtait son masque à tous les vices ; où le jésuitisme en crédit, poursuivant à la fois les disciples de Port-Royal et le culte évangélique de la réformation, infligeait à la France des blessures qu'un siècle n'a pu cicatriser. Que seraient devenues la franchise et la loyauté du caractère dans ce foyer de corruption ? Madame de La Fayette, ennemie de toute espèce d'imposture, devait fuir cette cour envahie par un fanatisme sombre et cruel. L'amie de madame Henriette d'Angleterre, de Madame de Sévigné, de M. le duc de La Rochefoucault, l'admiratrice des grands génies qui ont illustré Port-Royal, ne pouvait conserver de liaisons avec la femme artificieuse qui sacrifiait à son ambition l'amitié, la paix de sa conscience et le repos de sa vieillesse.

Les ennemis de Madame de La Fayette l'ont accusée de sécheresse. C'est encore là un de ces reproches vagues que la haine aime à répandre, parce qu'elle se dispense d'en fournir les preuves. Comment accorder cette sécheresse avec tant de faits qui prouvent que cette femme illustre était profondément sensible aux charmes de l'amitié ? Qu'on relise, dans les *Lettres de Madame de Sévigné*, la peinture si vive et si touchante de la douleur dont elle fut accablée à la mort du duc de La Rochefoucault ! « M. le duc de la Rochefoucault est mort, écrit Madame de Sévigné à sa fille. M. de Marsillac[1] est dans une affliction qu'on ne peut se représenter ; cependant, ma fille, il retrouvera le roi et la cour, toute la famille royale se retrouvera à sa place ; mais où Madame de La Fayette retrouvera-t-elle un tel ami, une telle société, une pareille douceur, un agrément, une considération pour elle et pour son fils ? Elle est infirme ; elle est toujours dans sa chambre ; elle ne court point. M. de La Rochefoucault était sédentaire comme elle. Cet état les rendait nécessaires l'un à l'autre. Rien ne pouvait être comparé à la confiance et aux charmes de leur amitié. Il ne sera pas au pouvoir du temps d'ôter à Madame de La Fayette l'ennui de cette privation. Sa vie est tournée d'une manière qu'elle trouvera tous les jours un tel ami à dire... Le temps, qui est si bon aux autres, augmente et augmentera sa tristesse ; ... tout se consolera, hormis elle. »

M. Grouvelle prétend que le soupçon de sécheresse est confirmé par les *Mémoires de Gourville*. J'ai été curieux de vérifier le fait, non que j'attache beaucoup d'importance au témoignage de ce valet parvenu, qui s'était enrichi dans les dilapidations financières du surintendant Fouquet, et que l'opulence rendait insolent ; mais d'autres pourraient en avoir une meilleure opinion, et je regarde comme un devoir de les éclairer. Voici textuellement le passage de ses *Mémoires*, où il est question de Madame de La Fayette : « Je demandai à M. le prince[2] la capitainerie de Saint-Maur où il n'allait jamais pour lors. Son altesse me l'ayant accordée, avec la jouissance du peu de meubles qui y étaient, Madame de La

1. Fils de M. de La Rochefoucault.
2. Le prince de Condé.

Fayette, qui venait s'y promener, me demanda d'y aller passer quelques jours pour prendre l'air ; elle se logea dans le seul appartement qu'il y avait alors, et s'y trouva si bien à son aise, qu'elle se proposait déjà d'en faire sa maison de campagne : de l'autre côté de la maison, il y avait deux ou trois chambres que je fis abattre dans la suite ; elle prétendait que j'en avais assez d'une pour y loger quand j'y viendrais, et destina, comme de raison, la plus propre pour M. de La Rochefoucault, qu'elle priait souvent d'y venir. Ayant demandé au concierge de lui faire avoir le peu de meubles qui étaient dans une chambre haute qui servait de garde-meuble, elle trouva une grande armoire en forme de cabinet, qui avait autrefois été fort à la mode et d'un grand prix, avec quelqu'autre vieillerie qui pouvait l'accommoder. Étant venue à Paris, elle pria M. le duc de lui permettre de les faire descendre dans son appartement ; ce qu'il n'eut pas de peine à lui accorder ; et, ayant découvert une très belle promenade sur le bord de l'eau, qui avait de l'autre côté un bois, elle en fut si charmée, qu'elle y menait tous ceux qui la venaient voir ; il y avait aussi de belles promenades dans le parc, de manière qu'elle était extrêmement contente de l'établissement qu'elle s'était fait ; elle avait inventé, pour les promenades du parc, qu'elle faisait souvent avec quelqu'un de ses amis, une chose qui réussit assez bien, qui était pour prendre mieux l'air : elle faisait abattre les vitres de devant du carrosse, et allonger les guides des chevaux, en sorte qu'elles passaient sur le carrosse, et que le cocher les gardait étant derrière. Je dis à quelqu'un que je trouvais son séjour bien long à Saint-Maur, et elle m'en fit des reproches, prétendant que cela ne pouvait que m'être commode, puisque, quand je voudrais y venir, je serais assuré d'y trouver compagnie ; enfin, pour pouvoir jouir de Saint-Maur, je fus obligé de faire un traité par écrit avec M. le prince, par lequel il m'en donnait la jouissance ma vie durant, avec douze mille livres de rentes, à condition que j'y emploierais jusqu'à deux cent quarante mille livres, entre autres pour achever un côté du château, où il y avait seulement des murailles élevées jusqu'au second étage ; le devant de la maison était une carrière d'où l'on avait tiré beaucoup de pierres, et l'on descendait en carrosse pour aller jusqu'à la prairie.

« En trois ou quatre années je mis Saint-Maur en l'état où il est présentement, à l'exception que M. le prince, depuis que je l'ai remis, a fait agrandir le parterre du côté de la plaine. J'avais fait bâtir un grand moulin, exprès pour élever des eaux qui m'en donnaient perpétuellement cinquante pouces, et qui, tombant dans un réservoir du côté de la capitainerie, faisaient aller quatre fontaines de ce côté-là, et deux dans le parterre du côté de la rivière. Il y avait devant la face du logis une fontaine qui venait du grand réservoir, pour en faire aller une autre au milieu du pré en bas, laquelle est environnée d'arbres, et jette si haut et si gros, qu'on n'en avait point encore vu de plus belle ; mais M. le prince, tombant dans l'inconvénient de tous ceux qui veulent accommoder des maisons, a fait une dépense de quatre cent mille livres, au lieu de deux cent quarante, à quoi je m'étais obligé. Pour revenir à Madame de La Fayette, elle s'aperçut bien qu'il n'y avait pas moyen de conserver plus longtemps sa conquête ; mais elle ne me l'a jamais pardonné, et ne manqua pas de m'en faire un espèce de crime auprès de M. de La Rochefoucault ;

mais, comme elle avait des raisons pour ne pas paraître en mauvaise intelligence avec moi, elle m'engageait d'aller passer presque toutes les soirées chez elle avec M. de La Rochefoucault ; et, ayant trouvé dans la suite une occasion où elle crut pouvoir me faire quelque dépit, elle n'oublia rien pour y parvenir. »

Tel est le récit de Gourville ; qu'on me dise maintenant quelle conséquence fâcheuse on peut en déduire contre le caractère de Madame de La Fayette. Elle se plaisait à Saint-Maur, propriété de la maison de Condé ; elle y recevait ses amis, se promenait avec eux dans le parc, et croyait sans doute Gourville trop heureux d'être admis dans une pareille réunion. J'aperçois bien là quelque nuance de cet esprit aristocratique qui était dans les mœurs du temps, et qui établissait une distance marquée entre la classe élevée et les classes inférieures de la société, et qui exigeait certains égards dont nous sommes aujourd'hui dispensés. Mais que peut-on en conclure contre Madame de La Fayette ? C'est qu'elle était de son siècle et de son pays. La sotte vanité de Gourville avait été blessée, et il a voulu qu'on en gardât le souvenir ; l'insinuation malicieuse qui termine son récit, n'est qu'une de ces accusations posthumes qui ne laissent aucune trace, parce qu'elles ne reposent sur aucun fait. La méchanceté serait trop à l'aise si l'on adoptait ses jugements sans restriction.

Depuis la mort de M. le duc de La Rochefoucault, Madame de La Fayette s'éloigna entièrement du monde, et chercha, dans les exercices d'une piété éclairée, une distraction, ou plutôt une consolation à l'amertume de sa douleur. Elle était dirigée dans les voies religieuses par l'abbé Duguet, l'un des meilleurs écrivains de Port-Royal, et dont le *Traité sur* l'*Institution d'un Prince* est encore recherché par les connaisseurs. Je remarquerai, en passant, que les personnages vraiment vertueux de cette époque, évitaient, autant qu'il leur était possible, de confier aux jésuites les affaires de leur conscience. La volonté absolue de Louis XIV pouvait seule les maintenir auprès des princes de sa famille.

Madame de La Fayette ne survécut que de dix ans à M. de La Rochefoucault ; elle mourut en 1673, dans sa soixantième année ; elle avait deux fils, l'un suivit honorablement la carrière des armes, l'autre embrassa l'état ecclésiastique ; on reproche à celui-ci d'avoir laissé perdre plusieurs manuscrits précieux de sa mère ; j'ignore jusqu'à quel point ce reproche est fondé.

On a retenu de Madame de La Fayette quelques mots heureux. C'est elle qui comparait les mauvais traducteurs à ces laquais ignorants, qui changent en sottises les compliments dont ils sont chargés. Elle disait de Montaigne « qu'il y aurait du plaisir à avoir un voisin comme lui », pensée qui, sous une apparence naïve, renferme un jugement plein de finesse et de vérité. On lui attribue encore cette maxime : « Celui qui se met au-dessus des autres, quelque esprit qu'il ait, se met au-dessous de son esprit. » La Rochefoucault ou La Bruyère n'aurait pas mieux dit.

Voilà tout ce que j'ai pu recueillir sur cette femme justement célèbre, qui créa un genre dans notre littérature ; fit les délices d'une société brillante et polie ; obtint, sans y songer, une réputation méritée, et laissa une mémoire sans tache. Son nom, déjà illustre, a reçu, depuis sa mort, une nouvelle illustration. Il rappelle à la fois les dons du génie et l'éclat des hautes vertus. Il rappellera, jusque dans la postérité la plus reculée, le triomphe le plus éclatant qui ait jamais frappé les regards des hommes ; les deux mondes répètent avec amour le nom de La Fayette, il s'associera, dans tous les temps, aux plus beaux souvenirs de gloire et de liberté.

Antoine Jay – 1832

Intrigues de Cour

Classiques

Madame de La Fayette
La Princesse de Clèves

(Pocket n° 6003)

À la cour d'Henri II, Mademoiselle de Chartres rencontre le prince de Clèves et l'épouse. Sitôt mariée, lors d'un bal à la Cour, elle tombe passionnément amoureuse du duc de Nemours. En dépit de la violence de leurs sentiments, les deux jeunes gens se taisent. Un jour, Madame de Clèves, modèle de vertu, avoue à son mari son amour coupable. Et cet aveu n'arrange rien. Torturé de soupçons et de jalousie, le prince se croit trompé. À la princesse, dorénavant, de conduire son destin...

Il y a toujours un Pocket à découvrir

Une passion destructrice

CLASSIQUES

Abbé Prévost
Manon Lescaut

POCKET

TEXTE INTÉGRAL
+ LES CLÉS DE L'ŒUVRE

(Pocket n° 6031)

Pour l'amour d'une catin, un honnête garçon va se faire escroc et assassin. Manon, démon au visage d'ange, éternelle femme-enfant dont le frère rêve d'être le souteneur, entraîne Des Grieux dans un tourbillon de plaisir, de violence et de drames. Elle a 16 ans et lui 17. Rien ne résiste à leur passion, et surtout pas la peur du bagne qui les attend en Amérique. Il restait à ce couple doué d'une vie prodigieuse un dernier tour à jouer : devenir, pour l'éternité, l'égal de Tristan et Yseut et de Roméo et Juliette.

Il y a toujours un Pocket à découvrir

Vengeance épistolaire

CLASSIQUES

Choderlos de Laclos
Les Liaisons dangereuses

TEXTE INTÉGRAL
• LES CLÉS DE L'ŒUVRE

POCKET

(Pocket n° 6010)

Complices soudés par leur liaison passée, le vicomte de Valmont, libertin machiavélique, et la marquise de Merteuil, sa criminelle inspiratrice, entretiennent une correspondance. Leurs innocentes victimes ne sont autres que la pure et naïve Cécile de Volanges ou encore la vertueuse et brûlante Mme de Tourvel. Au nom de la seule jouissance, ils s'allient pour bafouer l'amour et les sentiments, jusqu'à la reddition totale. Les lettres « douces et dangereuses » de ces deux monstres parfaits composent ce sensationnel chef-d'œuvre romanesque du XVIIIe siècle.

Il y a toujours un Pocket à découvrir

La vie rêvée d'une héroïne

(Pocket n° 6033)

En épousant le médecin Charles Bovary, Emma imagine une vie bourgeoise brillante, née de ses rêves romanesques. Mais dans la bourgade normande où l'enferme son médiocre et triste mari, elle ne tarde pas à périr d'ennui. Cette province n'est peuplée que d'imbéciles solennels, de lâches et de séducteurs insignifiants. En guise de luxe et de passion, elle ne rencontre que libertinage et adultères humiliants, et, bientôt, la ruine...
Après cinq ans de dur labeur, souffrant le martyre comme son héroïne, Flaubert atteint enfin cette perfection artistique que la postérité finira par reconnaître.

Il y a toujours un Pocket à découvrir

Faites de nouvelles découvertes sur **www.pocket.fr**

- Des 1ers chapitres à télécharger
- Les dernières parutions
- Toute l'actualité des auteurs
- Des jeux-concours

Il y a toujours
un **Pocket** à découvrir

Faites de nouvelles
découvertes sur
www.pocket.fr

Cet ouvrage a été composé par
PCA – 44400 REZÉ

Imprimé en France par

BRODARD & TAUPIN

à La Flèche (Sarthe)
en octobre 2010

POCKET – 12, avenue d'Italie - 75627 Paris cedex 13

N° d'impression : 59867
Dépôt légal : octobre 2010
S20185/01